속담으로 보는

스토리 경제학

STORY ECONOMICS

속담으로 보는

스토리 경제학

초판 인쇄 2018년 8월 21일 **초판 발행** 2018년 8월 27일

지은이 노상채
펴낸곳 글라이더 **펴낸이** 박정화
등록 2012년 3월 28일(제2012-000066호)
주소 경기도 고양시 덕양구 화중로 130번길 14(아성프라자 6층 601호)
전화 070)4685-5799 **팩스** 0303)0949-5799 **전자우편** gliderbooks@hanmail.net
블로그 http://gliderbook.blog.me/
ISBN 979-11-86510-64-3 03320

이 도서의 국립중앙도서관 출판예정도서목록(CIP)은 서지정보유통지원시스템 홈페이지(http://seoji.nl.go.kr)와 국가자료공동목록시스템(http://www.nl.go.kr/kolisnet)에서 이용하실 수 있습니다.(CIP제어번호: CIP2018026110)

속담으로 보는

스토리 경제학

STORY ECONOMICS

노상채 지음

글라이더

머리말

속담과 경제학의 만남

어릴 적 시골에 살던 시절, 어머니가 밭에 다녀오시면 우리는 좋아라 바구니에 달려들어 다래, 단수수, 먹때왈 등을 찾아내 먹곤 했습니다. 어머니는 우리에게 "가을 밭에 가면 없는 친정에 가는 것보다 낫단다." 하고 웃으셨습니다. 나중에 커서도 두고두고 생각나는 속담입니다. 참고로, 다래는 아직 솜으로 터져 나오지 않은 목화 열매를, 먹때왈은 까마중을 말합니다.

속담은 친근한 언어를 사용하여 짧은 몇 마디 말로 교훈이나 지혜를 설득력 있게 전해줍니다. 그런데 알고 보면 속담 속에 다양한 경제이론이 들어 있습니다. 심지어 어떤 속담은 최신 금융기법까지 언급합니다. 최근에 공매도가 세인의 화두에 올랐습니다. 우리 조상은 진즉부터 공매도를 알았던가 봅니다. “없는 놈에게는 외상도 밑천이다”라는 속담이 있고, 김선달이 대동강 물을 자기 것인 양 팔아먹었다는 애기가 전해오는 것을 보면 그런 생각이 듭니다.

어떻게 하면 학생들이 경제학에 쉽게 접근하도록 도울까 고심해 왔습니다. 속담과 경제이론을 연결시키는 일은 그 일환입니다. 제가 펴낸《미시경제학》과《화폐금융론》곳곳에 속담을 이용한 설명이 들어있습니다. 생각보다 많은 수의 속담이 경제학의 길잡이가 되어준다는 것을 알게 되었습니다. 경제학과 관련이 있는 속담을 찾아내는 일은 유적지를 여행하면서 귀중한 문화유물을 만나는 것만큼이나 기쁜 일이었습니다. 그 결실이 10년 전에 펴낸《속담 속의 경제학》입니다. 그 후로도 계속해서 경제학 관련 속담을 수집해서 120여 개에 이르렀고, 이 책(《속담으로 보는 스토리 경제학》)을 내게 되었습니다. 수집한 속담 중 고사성어로도 설명이 가능한 것들은 중복을 피하기 위해《고사성어로 보는 스토리 경제학》에만 실었습니다. 대신 이 책의 뒤〈참고〉항에 ‘속담-경제용어-고사성어’ 짝을 만들어 실었습니다. 자세히 알고 싶은 독자는《고사성어로 보는 스토리 경제학》을 참고하기 바랍니다. 단, 완전경쟁시장과 불완전경쟁시장 이론은 같은 내용을 ‘고사’와 ‘속담’ 두 책에 중복해서 실었습니다. 그 외에도 고사, 속담 두 책에 동일한 내용이 부분적으로 중복된 곳이 있습니다. 논리의 전개상 필요해서이니 독자 여러분의 양해를 구합니다.

이 책은 '경제학개론' 편제로 구성되어 있습니다. 속담으로 설명하는 경제학이 경제학개론 한 권을 꾸릴 수 있다는 것은 우리 조상이 풍부한 속담을 남겨주었기에 가능한 일입니다. 독자는 이 책에서 '알기 쉬운 경제학'을 읽는 느낌을 받을 것입니다. 그것이 이 책을 쓴 목적이기도 합니다. 젊은이가 경제학에 쉽게 접근하게 하는 것, 그것이 경제학 선생으로서의 제 평생 소망입니다.

맥락 없이 길기만 했던 초고를 인내심을 가지고 다듬어 이만큼의 글로 만들어주신 글라이더 박정화 대표님께 진심으로 감사를 드립니다. 속담이라는 지혜의 샘을 후손에게 남겨준 우리 조상들, 자식들에게 풍부한 속담과 해학을 남겨주신 어머니, 늦공부를 한 형이 학문의 길을 가도록 격려하고 도와준 동생들, 특히 어머니의 속담을 기억했다가 잘 전해준 셋째 동생 채주, '오탈자와 오류가 많아 원고 넘기기가 겁난다'고 엄살할 때마다 흠투성이 원고를 읽어준 아내에게 고마움을 표합니다.

2018년 8월

저자 노상채

차례

머리말_속담과 경제학의 만남 · 4

1. 재화와 효용_듣기 좋은 노래도 석 자리 반이다

듣기 좋은 노래도 석 자리 반이다: 한계효용 체감의 법칙 · 14

한식에 죽으나 청명에 죽으나: 한계 · 17

꿩 대신 닭: 대체재 · 20

갓 쓰면 양반 된다: 위치재 · 23

빼덕어멈 엿값이 서른 냥: 소비자불균형 · 26

홋장 떡이 클지 작을지 누가 아나: 불확실성하의 선택 · 30

드는 줄은 몰라도 나는 줄은 안다: 페테르부르크의 역설 · 33

흉년의 떡이라도 많이 나오면 싸다: 스미스의 역설 · 36

2. 수요와 공급_삼촌네 가게 떡이라도 싸야 사먹지

삼촌네 가게 떡이라도 싸야 사 먹지: 수요의 법칙 · 40

부자라도 석 되 밥 못 먹는다: 소득탄력성 · 43

자식도 많으면 천하다: 거미집 사이클 · 46

콩 심은데 콩 나고 팥 심은데 팥 난다: 보이지 않는 손 · 49

물건을 모르거든 금새를 보고 사라: 가격의 기능 · 52

청개구리 심보다: 스노브 효과 · 55

권에 못 이겨 방갓 산다: 충동구매 · 58

3. 생산_도랑 치고 가재 잡는다
가을밭에 가면 없는 친정에 가는 것보다 낫다: 자연자원 · 62
흘러가는 물도 떠 주면 공 된다: 경제재 · 66
뒤에 볼 나무는 그루를 높이 돋우어라: 지속가능한 경제 · 69
개장수도 올가미가 있어야 한다: 자본 · 72
역말도 갈아타면 낫다: 감가상각 · 75
석 자 베를 짜도 베틀 벌이기는 일반: 고정비용 · 78
목수 많은 집이 기울어진다: 수확체감의 법칙 · 81
고기 보고 부럽거든 가서 그물을 떠라: 우회생산 · 84
보기 좋은 떡이 맛도 좋다: 디자인 · 87
월천꾼에 난쟁이 빼듯: 생산자최적 · 91
한 냥 장설에 고추장이 아홉 돈: 비효율적 자원 이용 · 94
도랑 치고 가재 잡는다: 범위의 경제 · 97
소리개도 오래면 꿩을 잡는다: 전문화, 기술진보 · 100

4. 기업과 시장_장사꾼은 오 리 보고 십 리 간다
장사꾼은 오 리 보고 십 리 간다: 이윤극대화 · 104
홀아비 농사에 씨앗각시 품삯도 못 한다: 자본잠식 · 107
깊은 물이 조용하다: 완전경쟁시장 · 110
얕은 물이 요란하다: 불완전경쟁시장 · 113
청기와 장수: 독점(獨占) · 116
망하는 집 머슴 배부르고 흥하는 집 머슴 배곯는다: X-비효율성 · 119
한 냥 빌린 놈은 오그리고 자는데 백 냥 빌린 놈은 펴고 잔다:

차입경영과 대마불사 · 122

5. **마케팅과 게임이론**_뒤주 밑이 긁히면 밥맛이 더 난다

뒤주 밑이 긁히면 밥맛이 더 난다: 희소성 마케팅 · 126

목마른 놈이 샘 판다: 가격차별 · 129

울며 겨자 먹기: 이부가격 · 132

산전 벌어 고라니 좋은 일 한다: 해외 덤핑 · 135

동서 춤추소: 가격선도와 담합 · 138

맞은 놈은 펴고 자고 때린 놈은 오그리고 잔다: 용의자의 딜레마 · 141

매도 먼저 맞는 놈이 낫다: 리니언시 제도 · 145

날 잡은 놈이 자루 잡은 놈 당하랴: 우월전략 · 148

6. **화폐와 금융**_금장이 금 불리듯 한다

금장이 금 불리듯 한다: 시뇨레지 · 152

너구리굴 보더니 피물 돈 내어 쓴다: 할인 · 155

곗돈 타고 집안 망한다: 사금융 · 158

아랫돌 빼어 윗돌 괴기: 돌려막기와 폰지금융 · 161

산딸기 밑에는 뱀이 있다: 위험 · 164

사고팔고는 엿장수 마음이다: 옵션(option) · 167

누이 좋고 매부 좋고: 스와프(swap) · 170

범 피하려다 호랑이 만난다: 파생상품과 키코(KIKO) · 173

없는 놈에게는 외상도 밑천이다: 공매도 · 176

7. 소득불평등_부잣집 나락이 일찍 팬다

조록싸리 피면 남의 집에 가지 말랬다: 춘궁기 · 180
부자 하나에 세 동네 망한다: 소득불평등지표, 엣킨슨 지수 · 183
배고픈 건 참아도 배 아픈 건 못 참는다: 상대적 빈곤 · 186
재주는 곰이 넘고 돈은 호인이 먹는다: 경제적 지대 · 189
굴러온 돌이 박힌 돌 빼 낸다: 젠트리피케이션 · 192
부잣집 나락이 일찍 팬다: 부익부빈익빈 · 195
가난한 집에 제사 돌아오듯: 빈곤의 악순환 · 198
흉년에 죽 쑤면 어른도 한 그릇 아이도 한 그릇: 최저임금제 · 201
개 잡아먹다가 동네 인심 잃고 닭 잡아먹다가 이웃 인심 잃는다: 소득재분배 · 204

8. 거시경제_기와 한 장 아끼려다 지붕 내려앉는다

오르막이 있으면 내리막이 있다: 경기순환 · 208
되로 재나 말로 재나: 국민소득 삼면등가 원리 · 211
기와 한 장 아끼려다 지붕 내려앉는다: 절약의 역설 · 214
여름불도 쬐다 말면 서운하다: 톱니효과 · 217
이 없으면 잇몸이 이 노릇 한다: 부가노동자 효과 · 220
말라는 풍월 열사흘 하더니 풍월 값 받으러 스물 사흘 다닌다: 밀어내기 재정지출 · 223
거동 길 닦아 놓으니 깍쟁이가 먼저 지나간다: 공공재 · 226
밑 빠진 독에 물붓기다: 유동성 함정 · 229
구멍 봐가며 쐐기 깎는다: 균형재정 · 232

기둥을 치면 들보가 울린다: 통화정책과 기준금리 · 235
단술 먹은 보름 만에 취한다: 경제정책의 시차 · 238
날일에는 장승 도급 일에는 귀신: 시장제 사회주의 · 242

9. 외부성과 정보_주인 하나가 놉 아홉 몫 한다
의붓아비 떡치는 데는 가도 친아비 장작 패는 데는 가지 마라: 외부효과 · 246
방아 찧을 때는 고개만 끄덕여줘도 부조가 된다: 이로운 외부효과 · 249
웅담과 꿀은 부자지간에도 속인다: 비대칭정보 · 252
마방집이 망하려면 당나귀만 들어온다: 역선택 · 255
앉아서 주고 서서 받는다: 도덕적 해이 · 258
주인 하나가 놉 아홉 몫 한다: 주인-대리인 문제 · 261
수박은 속을 봐야 알고 사람은 지내봐야 안다: 경험재 · 264

10. 국제 경제_이 팽이가 돌면 저 팽이도 돈다
산중 놈은 도끼질 들판 놈은 괭이질: 분업과 무역 · 268
고기도 먹어본 사람이 잘 먹는다: 수입대체형 경제개발 · 271
고양이 쥐 생각 하랴: 원조 · 274
내 딸 고우면 좋은 사위 얻는다: 환율 · 277
이 팽이가 돌면 저 팽이도 돈다: 요소가격균등화 · 280
개구리가 올챙이 적 생각을 못 한다: 사다리 걷어차기 · 283

〈참고〉 고사성어로 읽을 수 있는 경제 용어 · 286
후주 · 288

ATIONALE SUISSE
ZIONALE SVIZZERA
England
THE SUM OF TWENTY POUNDS
UNITED STATES OF AMERICA
100
NARODOWY BANK POLSKI
STO ZŁOTYCH
WŁADYSŁAW II JAGIEŁŁO
WARSZAWA 25 MARCA 1994 r.
PREZES
10000
BANK OF CANADA
BCE ECB EZB EKT
50

1

재화와 효용_

듣기 좋은 노래도 석 자리 반이다

듣기 좋은 노래도 석 자리 반이다: 한계효용 체감의 법칙, 한식에 죽으나 청명에 죽으나: 한계, 꿩 대신 닭: 대체재, 갓 쓰면 양반 된다: 위치재, 뺑덕어멈 엿값이 서른 냥: 소비자물균형, 웃장 떡이 글지 직을지 누가 이나: 불확실성하의 선택, 드는 줄은 몰라도 나는 줄은 안다: 페테르부르크의 역설, 흉년의 떡이라도 많이 나오면 싸다: 스미스의 역설

듣기 좋은 노래도 석 자리 반이다

한계효용 체감의 법칙

한동안 우리 청소년이 가장 좋아하는 음식은 자장면이었다. 아이들을 격려하거나 특별한 날이면 으레 자장면을 사 주곤 했다. 요즘은 피자가 인기여서 "피자 사 줄까?" 하면 좋아한다. 필자도 피자를 퍽 좋아한다. 피자가 한계효용이론을 설명하는데 편리해서다.

한계효용

중학교에 다니는 아들이 거동이 불편한 어르신을 돕는 봉사활동을 하고 돌아왔다. 아버지는 이런 아들이 대견스러워 피자를 시켜 준다. 치즈를 듬뿍 얹은 피자 한 조각을 떼어낸 아들, 마파람에 게 눈 감추듯 먹어치운다. 이어서 주저 없이 두 번째 조각을 집어 들어 맛있게 먹어치우고, 셋째 조각을 집는다. 폭풍 흡입을 하던 아들, 넷째 조각은 느리게 먹더니 다섯째 조각에는 더 이상 못 먹겠다고 손사래를 친다.

피자를 아무리 좋아한다고 해도 한없이 먹을 순 없다. 소비 증가에 따라 피자가 주는 효용이 감소하기 때문이다. 정확히 말하면 한계효용이 감소하기 때문이다. 재화를 소비할 때 주관적으로 느끼는 만족을 효용이라 하고 '한 단위 더 소비할 때 추가되는 효용'을 한계효용이라고 한다.

한계효용 체감의 법칙

뷔페식당에서는 일정한 돈만 내면 얼마든지 먹을 수 있게 한다. 어떻게 그런 무모한 영업을 할 수 있는가. 그것은 '한계효용 체감의 법칙'이라는 믿는 구석이 있어서이다. 손님에게 음식을 마음껏 먹도록 해도 한없이 먹지는 않는다. 즉 한계효용이 영(0)이 되도록 먹지 않는다. 더 먹으면 배탈이 나는 등 비효용이 발생하기 때문이다. 효용과 비효용의 분기점은 사람에 따라 다르겠지만, 식당 주인은 경험에 의해 평균량을 산출하고 그 양을 기준으로 식사비를 정한다.

"듣기 좋은 노래도 석 자리 반半"이라는 속담이 있다. 좋은 노래라도 여러 번 들으면 싫증이 난다는 이야기다. 뷔페식당의 음식이나 피자 등 우리가 소비하는 대부분의 재화와 서비스는 소비 증가나 반복되는 소비에 따라 한계효용이 감소한다. 아들이 피자를 먹으면서 다섯 번째 조각에 손사래를 친 것은 한계효용이 감소하는 것을 말해준다. 소비를 증가시킬 때 한계효용이 감소하는 현상을 '한계효용 체감의 법칙'이라 한다.

한계효용과 총효용

한계효용의 합이 총효용이다. 소비 증가에 따라 한계효용과 총효용이 변해가는 모습은 서로 다르다. 일반적으로 총효용은 소비 증가에 따라 처음에는 증가하다가 나중에 감소한다. 하지만 한계효용은 소비 증가에 따라 처음부터 계속 체감한다.

앞의 예에서 중학생이 피자를 먹을 때, 첫 조각은 한계효용이 5만큼이고, 둘째 조각은 3, 셋째 조각은 1, 넷째 조각은 0, 다섯째 조각은 −1만큼이라고 하자. 피자 한 조각의 효용이 소비 증가에 따라 각각 5, 3, 1, 0, -1로 감소하는 현상이 한계효용 체감 현상이다. 한편 총효용으로 보면 한 조각을 먹을 경우는 5이고, 두 조각을 먹으면 8, 세 조각을 먹으면 9, 네 조각을 먹으면 9, 다섯 조각을 먹으면 8이다. 총효용이 소비 증가에 따라 처음에는 5, 8, 9로 증가하다가 소비가 계속 되면 9에서 8로 감소한다.

경제이론에서 균형을 말할 때는 '한계'라는 용어가 중요한 역할을 한다.

한계효용: 한 단위 더 소비할 때 추가되는 효용.

한계효용 체감의 법칙: 소비 증가에 따라 한계효용이 감소하는 현상.

한식에 죽으나
청명에 죽으나

한계

봄철의 시작을 알리는 한식寒食은 동지 이후 105일째 되는 날이다. 한식은 24절기의 하나인 청명晴明과 같은 날이거나 하루 차이가 난다. 그래서 차이가 거의 없다는 것을 말할 때 "한식에 죽으나 청명에 죽으나"라고 한다. 앞 장에서 인용한 "듣기 좋은 노래도 석 자리 반"이라는 속담은 '반 자리'의 노래, 즉 작은 차이가 효용과 비효용의 분기점이라는 것을 나타내고 있다.

추가되는 마지막 단위: 한계

경제학에 한계라는 말이 자주 나온다. 한계효용학파, 한계혁명이라는 용어도 등장하는 것을 보면 한계라는 말의 활약이 대단하다. 이 장에서 한계의 개념을 잘 이해하면 경제학 읽는 좋은 안경을 가지는 셈이 된다.

피자 이야기를 계속해보자. 피자를 두 조각 먹는다면 그 둘째 조각이 한계이다. 한 조각을 더 먹는다면 이번에는 셋째 조각이 한계이다. 즉 추가되는 마지막 단위를 한계라고 한다. 그런데 추가되는 마지막 단위는 한 조각이 아니라 반 조각일 수도, 또는 반 조각보다 더 작아 영(0)에 가까울 수도 있다. 경제학은 그 마지막 매우 작은 조각에 관심을 갖는다. 차이가 거의 없어서 영에 가까운 작은 부분을 수학에서는 미분이라고 한다. 경제학의 '한계'는 수학의 '미분'과 비슷하다. 다음 예를 읽으면서 한계를 직관적으로 이해해보자.

한계비용

배낭여행에서 큰 부담이 되는 것은 항공료다. 그런데 여행안내서에 나와 있듯이 항공요금은 천차만별이다. 잘 하면 공짜에 가까운 할인티켓을 구할 수 있다. 어느 항공사 인천-파리 노선의 탑승률이 80% 내외라고 하자. 300인 석 비행기라면 60석은 빈자리라는 이야기이다. 항공사는 가끔 빈자리를 할인요금을 받고 채운다.

항공사가 빈자리에 승객을 태울 때, 그 승객 때문에 추가되는 비용은 얼마나 될까. 기껏해야 기내식, 주스 몇 잔, 화장실 사용비, 휘발유 약간 정도가 아니겠는가. 재화를 한 단위 더 생산할 때 추가되는 비용을 한계비용이라고 한다. 항공사 입장에서는 승객 한 명을 더 태우느라 추가되는 비용이 한계비용이다.

한계비용이 10만 원이라고 하자. 빈 좌석을 그대로 두고 출발하기보다 10만 원 이상만 받는다면 손님을 태우는 것이 더 낫다. 어떤 학생이 이 원리로 매우 싼 값에 티켓을 득템하고 기분 좋게 말한다. "기내식은 물론 화장실도 이용하지 않겠습니다!" 직원도 학창시절에 경제학을 공부했을 것인즉, 이렇게 대답한다.

"학생을 태워서 들어오는 한계수입이 한계비용보다는 크니, 기내식 맛있게 먹고 화장실도 마음 놓고 이용하게나."

한계수입

한계수입은 상품 한 단위를 더 판매할 때 추가되는 수입을 말한다. 지사장의 말은 '한계수입 〉 한계비용'이니 더 태우는 것이 이득이고, 한계수입이 한계비용을 초과하는 한 추가 생산해도 된다는 이야기다. 앞 장과 이 장의 설명을 통해 한계의 개념을 잘 이해하고 활용하기 바란다. 경제학이 마지막 한 단위까지, 그것도 아주 작은 단위까지 따지는 것을 보고 칼라일(T. Carlyle)이 한 마디 한다.

"경제학은 우울한 과학(dismal science)이야."

한계: 추가되는 마지막 단위.

한계비용: 한 단위 더 생산할 때 추가되는 비용.

한계수입: 한 단위 더 판매할 때 추가되는 수입.

꿩 대신 닭

대체재

KTX가 개통되자 서울 부산 간 항공 및 고속버스 승객 수가 절반 가량으로 감소했다. 사람들이 이동 수단을 비행기보다 요금이 싸고, 버스보다 빠른 고속열차로 대체한 것이다.

흥부전에는 흥부가 감영에 죄를 지은 사람 대신 돈을 받고 매 맞으러 가는 장면이 나온다. 하지만 흥부에게는 매 맞을 복도 없는가 보다. 안 되는 놈은 뒤로 넘어져도 코가 깨진다고, 마침 나라에서 사면령이 내려 죄인을 풀어줘 버리니, 매품도 못 팔고 돌아온다. 흥부의 형편은 안타깝지만 우리는 대체재에 대해서 알아보자.

대체재

"꿩 대신 닭"이라는 속담이 있듯이. 음료수로 콜라 대신 사이다를 마실 수 있다. 고속버스 대신 열차를 이용할 수 있다. 용도가 비슷하여 다른 재화로 대체해서 소비해도 비슷한 효용을 얻는 재화를 대체재라고 한다. 커피와 녹차, 버터와 마가린, 올리브유와 포도씨유, 밥과 라면, 5만 원짜리 한 장과 1만 원짜리 다섯 장 등이 서로 대체재의 관계이다.

한편 커피와 녹차는 서로 대체되기는 하지만 기호나 맛이 다르기 때문에 불완전하게 대체된다. 이에 비해 5만 원짜리 한 장과 1만 원짜리 다섯 장, 동일한 가격의 빨간 우표와 파란 우표는 서로 완전하게 대체된다. 지폐나 우표처럼 서로 완전한 대체 역할을 하는 재화를 완전대체재라고 한다.

우리 제품은 대체재가 아닙니다

대체재를 생산하는 기업은 광고에 특히 신경을 쓴다. 그것은 대체재 상품의 경우 소비자의 수요가 손쉽게 이동하기 때문이다. 콜라를 마시는 사람은 코카콜라와 펩시콜라를 대체재로 인식한다. 냉장고, 자동차, 스마트폰에는 각각 대체재가 항상 존재한다. 거대기업부터 시작해서 중소기업과 동네가게가 경쟁을 벌이는 햄버거나 치킨도 밀접한 대체재이다. 그런데 대체재를 생산하는 기업은 한사코 자사 제품만이 맛있고 효용가치가 높다고 광고한다. 콜라나 치킨 광고의 속 뜻은 결국 다음 말이 아닐까?

"우리 제품은 결코 대체재가 아닙니다!"

보완재

"보리밥에는 고추장이 제격이다"라는 속담이 있다. 어떤 상품은 다른 상품과 함께 보완해서 사용할 때 더 큰 효용을 발휘한다. 보리밥과 고추장, 커피와 커피 크리머처럼 용도가 서로 보완적이어서 함께 사용해야 더 큰 효용을 발휘하는 상품을 보완재라고 한다.

대체재에 완전대체재가 있듯이 보완재에도 완전보완재가 있다. 보완재 중에서 반드시 정해진 비율로 사용되어야 효용을 제대로 발휘하는 재화를 완전보완재라고 한다. "짚신도 제 짝이 있다"는 속담이 있듯이 안경은 안경테와 안경알이 1 : 2의 비율로 사용되어야 효용을 발휘하고, 구두는 오른쪽 구두와 왼쪽 구두가 1 : 1의 비율로 사용되어야 한다. 이러한 상품을 완전보완재라고 한다. 프린터와 잉크 카트리지, 면도기와 면도날, 진공청소기와 필터가 완전보완재에 속한다.

대체재: 용도가 서로 비슷하여 다른 재화로 대체해 소비할 수 있는 재화.

완전대체재: 용도가 같아서 서로 완벽하게 대체되는 재화.

보완재: 용도가 보완적이어서 함께 사용해야 효용을 발휘하는 재화.

완전보완재: 정해진 비율로 사용되어야 효용을 제대로 발휘하는 재화.

갓 쓰면 양반 된다

위치재

영국에 '실크해트(silk hat)를 쓰면 신사가 된다'는 말이 있다. 비둘기나 탐스러운 꽃이 나오는 마술 소도구로 자주 쓰이는 실크해트는 유럽에서 남성이 사용하던 고급 모자로 신사의 상징이다. 실크해트를 쓴 사람은 신사로 보인다. 재미있게도 우리나라에도 "갓 쓰면 양반 된다"라는 속담이 있다. 갓은 중인 계급 이상의 신분층에서만 사용하던 모자로, 양반의 상징이었다.

갓을 쓴 사람은 양반처럼 보인다.

사교육, 좋은 학군

실크해트나 갓처럼 어떤 특정한 재화는 소유자의 신분을 말해주거나 상대적으로 유리한 지위를 확보해주기도 한다. 소유하는 것만으로 소유자의 지위를 높여주는 재화를 위치재라고 한다.

유럽에서 부유한 집 자제들이 모여서 집안 자랑을 하기 시작했다. 다양한 자랑거리가 쏟아져 나왔다. 그 중 한 아이가 말한다.

"우리집은 라 스칼라(La Scala)에 가족석이 있어!"

그 말 한마디로 게임이 끝난다. 밀라노에는 세계적으로 유명한 극장 라 스칼라가 있다. 이 극장에 가족석을 가지고 있다는 것은 그 집안이 유럽 최고의 명문임을 나타내준다. 좌석은 곧 위치재이다. 사교육도 일종의 위치재이다. 사람들은 '내 자식이 다른 학생과 달리 상위 성적에 영어 잘 하고 피아노 잘 치게' 하려고 사교육 서비스를 소비한다. 그들의 관심사는 자식의 상대적 위치, 즉 등위이다. 교육부와 통계청이 발표한 2017년 우리나라 사교육비 총액은 18조 원을 넘었다. 실제 사교육에 참여한 학생의 1인당 사교육비는 월평균 38만 4천 원이나 되었다. 초중고생 2명을 둔 가정에서는 매달 77만 원의 가욋돈을 써야 한다. 사교육비 18조 원의 돈은 일부를 제외하고는 안 들어가도 좋을 돈이다. 덕분에 하우스 푸어에 이어 등골브레이커니 에듀 푸어(edu poor)라는 말까지 생겨났다. 사교육비 대느라 가난해진다는 것이다.

좋은 학군 지역은 글자 그대로 위치재이다. 학령기 자녀를 둔 부모는 누구나 좋은 학군에 살고 싶어 한다. 그곳은 교육시설이 좋고 학부모의 소득수준이 높으며 유명한 입시학원이 몰려 있어서 수준 높은 과외 받기에 편하다. 좋은 학군의 아파트 값은 그 아파트의 높이만큼이나 높다.

럭셔리와 마스터피스

우리나라에서는 유명한 브랜드의 상품을 명품이라고 부르고 서구에서는 럭셔리(luxury goods), 즉 사치품이라고 부른다. 명품의 본뜻은 '명장이 만든 뛰어난 작품(masterpiece)'이다. 이른바 명품을 산다는 것은 서양인에게는 '사치품'을 사는 것이고, 우리나라에서는 '명장의 작품'을 사는 것이 된다. 사치품이 우리나라에 건너와서 명작으로 둔갑해버린 것이다. 우리나라에서 명품 열풍을 일으킨 공로자(?)는 사치품을 '명품'으로 번역해 사용한 상술이라고 해도 과언이 아니다.

명품 구입의 이유는 과시 욕구이다. 명품에 가장 중요한 요소는 특정 브랜드이다. 한마디로 '상표'가 중요하다. 명품 구입자는 기능을 사는 것이 아니라 상품의 권위를 산다. 이름난 브랜드의 상품을 사용하면 사회적 지위가 올라간다고 생각한다. 외모 중시의 풍조에 소유물로 자신의 지위를 과시하려는 현상이 접목된 것이다. 과시 소비 현상은 뒤 "청개구리 심보다"에서 설명하는 베블런 효과에 속한다.

위치재: 소지하는 것만으로도 사회적 지위를 높여준다고 생각되는 재화로 지위재라고도 함.

빵덕어멈 엿값이 서른 냥

소비자불균형

빵덕어멈은 원래 심 봉사의 이웃에 살던 과부다. 그녀는 심청이 팔려간 뒤 심 봉사의 살림이 넉넉해지자 들어와 살면서 심 봉사의 재산을 탕진하였다. 돈이 떨어지자 심 봉사가 다른 곳에 이사 가서 빌어먹자며 빵덕어멈에게 묻는다.

"그런데 이 동네에 빚은 없나?"

"줄 것이 조금 있지요."

"얼마나 되나?"

"뒷동네 주막에 해장술 값이 마흔 냥."

"잘 먹었다. 더 없나?"

"건너편 가게에 엿 값이 서른 냥."

전래소설 심청전에 나오는 줄거리 중 한 부분이다. 엿은 군것질로 먹는 음식이다. 빵덕어멈은 군것질에 30냥이나 탕진하였다. 그녀는 소비 행동을 하면서 비용은 전혀 고려하지 않고 엿의 단맛이 주는 효용만을 쫓아다녔다.

"빵덕어멈 엿 값이 서른 냥"이라는 속담이 그 말이다. 이 속담은 빵덕어멈의 소갈머리 없는 살림살이를 익살스럽게 표현하고 있다.

소비자불균형

군것질에 빚을 질 정도로 많은 돈을 쓰는 것은 합리적인 소비가 아니다. 이러한 비합리적 소비 행태行態를 소비자불균형이라고 한다. 빵덕어멈의 소비는 다음과 같이 나타낼 수 있다.

$$\frac{\text{엿의 한계효용}}{\text{엿의 가격}} < \frac{\text{쌀의 한계효용}}{\text{쌀의 가격}}$$

이 부등식의 의미는 엿 소비가 너무 많아 한계효용이 쌀보다 떨어진다는 것이다. 엿의 소비를 줄이고 대신 쌀의 소비를 늘여야 한다는 것을 말해준다. 그렇다면 소비자균형은 어떤 소비를 말하는가? 보통의 주부라면 자기가 엿을 좋아한다고 해도 엿만 사먹지 않는다. 엿과 쌀의 효용과 가격 두 가지를 동시에 고려해 구입량을 정한다. 최선의 선택은 엿 1원어치의 한계효용과 쌀 1원어치의 한계효용이 같아지도록 양을 조절해서 구입하는 것이다. 즉 [엿 1원어치의 한계효용=쌀 1원어치의 한계효용]일 때 효용이 극대화된다. 이 관계를 위와 같은 방식으로 나타내면 다음과 같다.

$$\frac{\text{엿의 한계효용}}{\text{엿의 가격}} = \frac{\text{쌀의 한계효용}}{\text{쌀의 가격}}$$

이 조건을 충족시키는 소비를 효용극대화 또는 소비자균형이라고 한다. 우리는 대개 경험에 의해서 소비자균형을 달성하며 살아간다. 한편, 효용이 극대화되면 비용극소화도 이뤄진다. 효용극대화와 비용극소화는 동전의 양면처럼 동일하다.

어머니

식탁에서 어머니는 자식에게 편식하지 말고 음식을 골고루 먹으라고 말씀하신다. 이 말을 다른 말로 바꾸면 엿 값에 서른 냥이나 낭비하는 일은 하지 말라는 것이다. 우리 어머니는 식탁에서 소비자균형을 가르치지만 빵덕어멈의 밥상은 소비자불균형의 극치다. 우리 어머니와 심 봉사네 '빵덕어멈'은 소비 방식이 다르다.

다음 대화를 읽으며 소비자균형과 소비자불균형을 비교해 보자.

빵을 사러 온 두 사람이 이야기한다.

A : "식빵 값이 싸니 식빵을 더 사자."

B : "팥빵이 맛있으니 팥빵을 더 사자."

곁에 있던 빵덕어멈이 한 마디 한다.

"학생, 생크림 케이크가 맛있으니 케이크만 사셔!"

A, B 두 사람과 빵덕어멈은 소비자균형에는 관심이 없다.

이 책의 독자는 다음과 같이 말할 것이다.
"식빵과 팥빵 1원어치의 한계효용을 비교해서 사세요."

비용과 편익

요즈음 젊은이들은 가성비를 따져가며 물건을 구입한다. 가격 대비 성능을 중시하는 것이다. 소비자균형이라는 것은 팥빵의 가성비와 식빵의 가성비가 같도록 적당량을 구입하는 것이다. 나라에서 대규모 공공사업을 벌일 때는 반드시 비용 편익 분석 등 예비타당성 조사를 거친다. 투입된 비용에 비해 편익이 얼마나 발생할 것인가 미리 조사하여 공사 시행 여부를 결정하는 것이다. 가격과 효용을 동시에 고려한 소비자균형, 가격 대비 성능의 가성비, 대규모 사업의 비용 편익 분석-그 밑바탕에는 가성비 개념이 깔려 있다.

소비자균형: 상품의 가격과 효용을 고려한 합리적인 소비.

소비자불균형: 가격과 효용을 고려하지 않고 한쪽에 치우친 소비.

훗장 떡이 클지 작을지 누가 아나

불확실성하의 선택

볼펜을 구입하는 소비자는 볼펜을 가지고 글을 쓸 수 있다는 것을 알고 구입한다. 주유소에서 휘발유를 넣는 운전자도 마찬가지다. 휘발유가 자동차를 굴러가게 한다는 것을 알기에 구입한다. 소비자가 재화를 구입할 때는 언제나 그 재화의 효용을 잘 알고 구입하는가. 반드시 그렇지는 않다. 효용을 확실히 알지 못하면서 구입하는 경우도 있다. 복권 구입이 그렇다.

불확실성하의 선택

"훗장 떡이 클지 작을지 누가 아나"라는 속담이 있다. 훗장後場은 재래시장에서 나온 말로, 5일 후에 서는 다음 장날을 말한다. 오늘 장에 나온 떡은 크다. 하지만 5일 후에 열리는 다음 장날에도 큰 떡이 나올는지는 알 수 없다.

복권은 당첨되면 큰돈을 가져다준다. 하지만 당첨되어 큰 효용을 가져다줄지, 아니면 낙첨되어 돈만 날리게 할지 확실하지 않다. 복권처럼 효용이 불확실한 재화를 구입하는 행동을 '불확실성하의 선택'이라고 한다. 효용이 불확실한 재화를 구입하는 소비자의 태도는 세 유형으로 나누어진다.

첫째 유형은 불확실성하의 선택을 회피하는 사람이다. 그러한 성향을 지닌 사람을 위험회피자라고 한다. 둘째 유형은 불확실성하의 선택에 대해 중립적인 성향을 가진 사람이다. 이러한 성향을 가진 사람을 위험중립자라고 한다. 셋째 유형은 불확실성하의 선택을 즐기는 사람이다. 이러한 성향을 가진 사람을 위험애호자라고 한다.

세 부류 중 위험중립자는 위험에 대해 신경을 쓰지 않는 사람들로, 효용이 불확실한 상품과 확실한 상품 선택 행동 방식에 차이가 없다. 그러나 위험회피자와 위험애호자는 효용이 불확실한 상품을 대하는 방식이 다르게 나타난다. 위험회피자는 조건부상품을 구입하는 행동을 보이며, 위험애호자는 도박에 참가하거나 복권을 구입한다.

이 장에서는 조건부상품 구입에 대해 설명하고 도박에 대해서는 다음 장에서 설명한다.

위험회피자와 조건부상품

일반 상품의 거래는 현장에서 상품이 인도되고 대금도 지불되면서 완결된다. 반면에 조건부상품은 대금이 현재 지불되지만 상품은 약속된 상황이 발생되는 경우에만 인도된다. 상품 인도에 조건이 붙어 있다고 해서 조건부상품이라고 한다.

보험이 대표적인 조건부상품이다. 어떤 사람이 목조 가옥을 가지고 있다고 하자. 위험회피자인 그는 화재가 발생할까봐 늘 불안하다. 그는 보험회사에 찾아가서 정해진 가격을 지불하고 화재가 발생하면 가옥 값을 받기로 계약한다. 독자 여러분은 이 계약이 화재보험 가입이라는 것을 알아챘을 것이다. 현재 지불하는 가격은 보험료이고, 화재 발생 때 받게 되는 가옥 값은 보험금이다. 이 보험금은 화재 발생이라는 특정한 상황에만 인도되는 상품, 즉 조건부상품이다. 위험회피자가 보험에 가입하는 것은 조건부상품을 구입하는 행동이다.

불확실성하의 선택: 복권처럼 효용이 불확실한 상품을 구입하는 행동.

조건부상품: 보험처럼 대금은 현재 지불되지만 약속된 상황이 발생되는 경우에만 인도되는 상품.

드는 줄은 몰라도
나는 줄은 안다

페테르부르크의 역설

한강 하류에 나들섬이라는 이름의 작은 섬이 있다. 나고 드는 섬이라는 뜻이다. 사람과 물자가 나고 들어 남북한이 오가고, 세계와 교류하는 섬이 되라는 뜻으로 붙인 이름이다.

"드는 줄은 몰라도 나는 줄은 안다"라는 속담이 있다. '드는'은 사람이나 재물이 들어오는 것을, '나는'은 나가는 것을 말한다. 이 속담은 재산이 불어나는 것은 잘 몰라도, 없어지는 것은 금방 안다는 것을 말하고 있다. 아마 놓친 고기가 더 커 보이기 때문이리라.

페테르부르크의 역설

러시아의 표트르 황제는 유럽의 문물을 배워 러시아를 근대화시키고자 했다. 황제는 유럽으로 나가는 관문을 삼기 위해 네바 강 입구에 상트페테르부르크를 건설하고 모스크바에서 수도를 옮겨왔다. 러시아 상류층의 사치스러운 생활의 중심지가 된 상트페테르부르크는 환락의 도시였다. 날마다 수준 높은 공연이 열리는가 하면 환락의 도시답게 도박이 매우 성행했다.

페테르부르크의 한 도박장에 기대수익이 무한대인 도박이 있었다. 기대수익은 달성 여부가 불확실해서 확률에 의존하는 수익을 말한다. 원래 도박의 기대수익은 거는 돈보다 항상 작다. 그래야 도박장도 먹고 살 수 있다. 만약 기대수익이 무한대인 도박이 있다면 그 도박은 참가자에게 절대적으로 유리한 도박이다. 도박에 응하는 것이 합리적이다. 그런데 실제로는 그 도박에 응하는 사람이 없었다고 한다. 당시에는 이 모순된 현상을 아무도 설명해주지 못했다. 사람들은 유리한 도박인데도 참가하기를 기피하는 현상을 '페테르부르크의 역설'이라고 부르고, 해결을 뒷날의 숙제로 남겨두었다.

잃는 효용, 얻는 효용

숙제는 기대효용이론이 등장하고서 해결되었다. 기대효용론자는 사람들이 도박에서 확률에 의해 예상되는 기대수익의 크기를 보고 행동하는 것이 아니라 얼마만큼의 효용을 기대할 수 있는가, 즉 기대효용을 보고 행동한다고 설명했다. 도박의 기대수익이 아무리 무한대라도 기대효용이 작으면 응하지 않는다는 것이다.

페테르부르크의 역설은 한계효용 체감을 생각하면 쉽게 이해할 수 있다. 한 젊은이가 3만 원을 가지고 데이트하러 공원을 지나가고 있다. 길 가에 좌판을 벌이고 있는 할아버지가 뺑뺑이판 찍기로 1만 원 내기를 하자고 부른다. 빨간색을 찍으면 1만 원을 벌고, 파란색을 찍으면 1만 원을 잃는 내기를 하자는 것이다. 뺑뺑이판은 빨간색과 파란색이 절반으로 나누어져 있어서 공평한 내기지만 젊은이는 선뜻 응하지 않는다.

이길 때의 1만 원과, 질 때의 1만 원은 같은 1만 원이다. 하지만 사람들은 얻는 1만 원보다 잃는 1만 원의 효용이 더 크다고 느낀다. 돈을 따서 보태는 효용보다 잃어서 없어지는 효용을 더 크게 느끼는 것이다. 사람들이 도박을 기피하는 이유이다. 젊은이가 돈을 잃은 뒤 들른 카페에서 데이트 상대 몰래 음식 값과 지갑 속의 돈을 속으로 계산해야 하는 지경에 이른다면 잃은 돈의 효용은 훨씬 크게 느껴질 것 아닌가.

페테르부르크의 역설이 말하는 도박 기피는 사실 역설이 아니라 합리적인 행위이다. 옛 어른들은 '페테르부르크 법칙'을 이미 알고(?) 있었던지 자녀에게 도박판에 가지 말라고 훈계하곤 했다.

아버지가 말한다. "드는 줄은 몰라도 나는 줄은 안단다."

그러자 어머니가 말한다. "그러니 도박판에는 얼씬도 하지 말거라."

페테르부르크의 역설: 유리한 도박인데도 참가하기를 기피하는 현상.

기대효용: 도박으로 기대할 수 있는 효용.

흉년의 떡이라도
많이 나오면 싸다

스미스의 역설

농사에 주로 의존해서 살던 시절에 흉년이 들면 먹을 것이 없어서 입에 풀칠하기가 어려웠다. 더구나 흉년에 떡은 더욱 귀해서 구경할 수도 없었다. 설령 떡이 나왔다 해도 매우 비쌌을 것이다. 그러나 만약에, 어떤 이유로 흉년인데도 시장에 떡이 나왔는데 그것도 아주 많이 나왔다고 하자. 떡값은 어떻게 될까? 당연히 싼 값에 거래될 것이다. "흉년의 떡이라도 많이 나오면 싸다"라는 속담이 바로 그 말이다. 아무리 귀한 것이라도 흔하면 값이 싼 법이다.

아담 스미스의 고민

경제학의 아버지 스미스(A. Smith)에게도 풀 수 없는 경제 문제가 있었다. 1776년에 출판된 《국부론》[1]에 소개되는 스미스의 고민은 다음과 같다.

> 가치는 어떤 물건의 효용과 함께 다른 재화에 대한 구매력을 표시한다. 어떤 물건의 효용이란 사용가치를 말하고, 다른 재화에 대한 구매력이란 그 물건의 교환가치를 말한다. 그런데 커다란 사용가치를 가지고 있는 물건이 매우 작은 교환가치만을 가지고 있기도 한다. 반대로 사용가치가 거의 없는 물건이 매우 큰 교환가치를 가지고 있는 경우도 있다. 물은 매우 유용한 것이지만, 물과 교환해서 어떤 재화를 얻을 수 없다. 반대로 다이아몬드는 거의 사용가치가 없는 물건이지만, 비싼 값으로 다른 재화와 교환된다. 물은 사용가치는 있으나 교환가치가 없고, 다이아몬드는 교환가치는 있으나 사용가치는 없다.

사용가치가 큰 재화는 가격이 높고, 사용가치가 작은 재화는 낮아야 상식적이다. 그런데 다이아몬드는 사용가치가 작은데도 값이 비싸고, 물은 사용가치가 매우 큼에도 값이 거의 없다. 사실 다이아몬드는 단단한 것을 자르는 공업용 용도를 빼고는 거의 쓸모가 없는 존재이다. 그에 비해 물은 생명을 이어가는데 필수적인 존재이다. 그런데 가격은 정반대이다. 이 모순 현상을 스미스가 제기했다고 해서 스미스의 역설(Smith's paradox) 또는 가치의 역설이라고 부른다. 많은 학자들이 이 모순을 설명하려고 애썼다.

해결

스미스가 남긴 과제는 경제학에 한계효용 개념이 도입되면서 해결되었다. 한계효용학파 경제학자들은 재화의 가격이 그 재화 총효용의 크기가 아니라 한계효용의 크기에 의해 결정된다고 생각했다. 스미스가 말하는 사용가치는 재화의 총효용을 말한다. 물은 사용가치가 높아 총효용이 크다. 그런데 물은 거의 무한이라 할 정도로 양이 많다. 따라서 물의 한계효용은 매우 작아서 거의 영(0)에 가깝다. 한계효용의 크기에 의해 결정되는 물의 값은 쌀 수밖에 없다. 반면에 다이아몬드는 비록 총효용은 작지만 부존량이 적어서 한계효용이 매우 크고, 그래서 값이 비싸다.

1870년대에 등장한 한계효용학파 학자들은 재화의 가격을 결정해 주는 것은 한계효용이라는 것을 밝혀내면서 스미스가 모순이라고 남겼던 숙제를 설득력 있게 풀어냈다. 한계효용학파까지 동원해서 해결한 가치의 모순을 우리 조상은 간단하게 '흉년의 떡도 많이 나오면 싸다'고 가르쳐준다. 생각해 보자. 스미스가 흉년의 떡이라도 많이 나오면 싸다는 이 속담을 알았다면 물과 다이아몬드의 가격을 모순이라고 하지 않았을 것이다.

스미스의 역설=가치의 역설: 사용가치가 작은 다이아몬드 값이 비싸고, 사용가치가 큰 물은 값이 싼 모순된 현상.

2

수요와 공급_

삼촌네 가게 떡이라도 싸야 사먹지

삼촌네 가게 떡이라도 싸야 사 먹지: 수요의 법칙, 부자라도 석 되 밥 못 먹는다: 소득탄력성, 자식도 많으면 천하다: 거미집 사이클, 콩 심은데 콩 나고 팥 심은데 팥 난다: 보이지 않는 손, 물건을 모르거든 금새를 보고 사라: 가격의 기능, 청개구리 심보다: 스노브 효과, 권에 못 이겨 방갓 산다: 충동구매

삼촌네 가게 떡이라도 싸야 사 먹지

수요의 법칙

소비자가 재화를 구입하려는 욕구를 수요라고 한다. 수요를 결정해주는 요인으로는 그 재화의 가격, 보완재나 대체재의 가격, 소비자의 수효, 소비자의 소득 수준, 재화에 대한 광고, 유행 등 여러 가지가 있다. 그 중 가장 중요한 요인은 가격이다. "삼촌네 가게 떡이라도 싸야 사 먹지"라는 속담도 있지 않은가.

수요의 법칙

일반적으로 재화의 가격이 낮으면 수요가 많고, 높으면 수요가 적다. 가격과 수요가 서로 반대 방향으로 움직인다. 가격이 하락하면 수요가 증가하고, 상승하면 감소하는 현상을 수요의 법칙이라고 한다. 가격 변화에 대한 수요 변화의 크기는 재화에 따라 다르다.

장사를 하는 동생이 보통 값보다 싼 값에 물건을 팔고 있다. 이를 본 형이 걱정되어 말한다.

"그렇게 싸게 팔아도 되니? 남는 게 없을 텐데."

"형, 걱정 마셔요, 박리다매 전략이니까."

동생은 가격을 낮추는 대신 많이 팔아서 이익을 남길 생각이다. 가격을 낮추어 판매할 때 매출액이 증가할 것인가 아니면 오히려 감소할 것인가의 여부는 가격 인하비율과 판매 증가비율 중 어느 것이 큰가에 달려 있다. 가격 인하의 비율보다 판매 증가의 비율이 더 높으면 매출액이 증가한다. 반면에 가격 인하비율보다 판매 증가비율이 낮으면 매출액이 감소한다. 백화점의 바겐세일 행사가 되풀이되는 것을 보면 가격 인하비율보다 판매 증가비율이 높은 모양이다.

가격탄력성

재화의 가격이 변할 때 수요가 보이는 변화의 정도를 '수요의 가격탄력성'이라고 한다. 가격 변화보다 수요 변화가 더 크면 수요가 '탄력적'이라고 한다. 박리다매 마케팅은 수요가 탄력적일 때 가능하다. 가격을 인하하면 수요가 가격 인하비율 이상으로 증가하기 때문에 판매수입이 증가하는 것이다. 가격 변화보다 수요 변화가 작으면 수요가 '비탄력적'이라고 한다. 수요가 비탄력적인 재화는 가격을 올려 판매하는 것이 생산자에게 유리하다. 한여름 해수욕장

주변의 바가지요금은 수요가 가격에 비탄력적이어서 비싸도 할 수 없이 사는 경우에 가능하다.

2015년에 정부는 담배 소비를 줄인다는 명분으로 담뱃값을 두 배 가까이 인상했지만 결과는 정부의 주장과 달랐다. 값을 두 배로 올렸으니 수요가 절반으로 줄어야 했으나 담배의 수요는 거의 줄지 않았다. 담뱃값 인상은 서민의 세금만 올리는 결과를 낳고 말았다.

싼 게 비지떡이다: 기펜재

두부를 만들고 남은 찌꺼기가 비지이다. 비지는 보통 가축의 먹이로 사용되지만 흉년 때나 가난한 집에서는 비지로 개떡을 만들어 먹었다. 비지 개떡은 거칠고 맛이 없었다. 보잘것없는 것을 말할 때 '싼 게 비지떡'이라고도 한다.

보통의 재화는 가격이 오르면 수요가 감소하고, 내리면 증가하는 수요법칙이 작용하지만 예외도 있다. 가격이 내릴 때 수요가 오히려 감소하는 경우도 있다. 가격이 내릴 때 수요가 감소하는 재화를 기펜재(Giffen goods)라고 한다. 기펜이라는 학자가 연구했다고 해서 붙은 이름이다. 값이 내려도 오히려 더 천하게 여기고 아무도 사먹지 않는 비지떡은 기펜재에 가깝다.

수요의 법칙: 가격이 하락하면 수요가 증가하고 상승하면 감소하는 현상.

수요의 가격탄력성: 가격이 변할 때 수요가 얼마나 변하는가의 정도.

기펜재: 가격이 하락할 때 수요가 오히려 감소하는 재화.

부자라도 석 되 밥 못 먹는다

소득탄력성

아빠가 회사에서 승진해서 월급이 올랐다는 말을 들은 아들이 "아빠, 이제 한 끼에 밥 두 그릇씩 먹어도 되겠네요."라고 묻자, 아빠가 웃으며 대답한다.

"글쎄다, '부자라도 석 되(三升) 밥 못 먹는다'라는 속담도 있단다. 월급이 올랐다고 한 끼에 밥을 두 그릇씩 먹을 수는 없겠지?"

아들이 아차 싶었던지 다시 말한다.

"참, 아빠, 밥은 말고 피자를 두 판씩 사주셔요."

소득탄력성

앞 장에서 설명했듯이 재화의 수요를 결정해주는 요인은 가격 외에도 여러 가지가 있다. 그 중 하나가 소득 수준이다. 일반적으로 소비자의 소득이 높아지면 수요가 증가하고, 낮아지면 감소한다. 단, 어떤 재화는 소득이 증가할 때 수요가 감소하기도 한다. 소비자의 소득이 변할 때 재화의 수요가 얼마나 변하느냐의 정도를 수요의 소득탄력성이라고 한다. 수요의 소득탄력성은 재화에 따라 크기와 변화의 방향이 다르게 나타난다.

소득이 증가할 때 수요가 증가하여 소득탄력성이 플러스로 나타나는 재화를 우등재라고 한다. 우등재 중에서 소득 증가비율보다 수요 증가비율이 더 높은 재화를 사치재, 수요가 증가하기는 하되 증가비율이 낮아서 조금만 증가하는 재화를 필수재라고 부른다. 소득이 증가하면 피자 소비는 많이 증가하지만 밥의 수요는 크게 변하지 않는다. 아빠 승진 후 수요가 대폭 증가한 피자는 사치재에 속하고, 수요가 조금 증가하는 밥은 필수재에 속한다.

엥겔의 법칙

필수재의 수요는 소득이 적다고 해서 쉽게 줄어들거나 소득이 크다고 해서 그 비율만큼 증가하지 않는다. 예를 들어 식료품비가 그렇다. 식료품비는 소득이 변해도 크게 줄거나 늘지 않는다. 소득이 낮아도 식료품비만은 줄이기 어렵기 때문에 저소득층 가계의 식료품비는 생활비 중 상대적으로 큰 비중을 차지한다. 소득이 낮은 가계는 살아가는데 우선적으로 필요한 부문부터 지출한다. 가장 우선인 것이 식료품비이다. 문화비 등 다른 부문은 지출을 줄일 수 있어도 먹는 것만은 줄일 수 없다. 이에 따라 소득이 낮은 가계의 지출은 식료품비의 비중이 높다. 소득이 낮을수록 생계비 중에서 식료품비의 비율이 높아지는 현상을 '엥겔의 법칙'이라고 한다.

한편, 소득이 증가하는 경우 수요가 오히려 감소해서 소득탄력성이 마이너스(-)인 재화를 열등재라고 한다. 국민소득이 증가하면서 자취를 감추고 있는 흑백TV가 열등재이다. 단 우등재와 열등재를 가르는 기준은 절대적이 아니라 상대적이다. 흑백TV는 컬러TV에 대해서는 열등재이지만 라디오에 비하면 우등재이다.

연탄은 열등재

소득과 소비의 관련성을 뒷받침해주는 재미있는 자료가 있다. 연탄재 배출량의 변화가 그것이다. 외환위기와 글로벌 금융위기를 겪으며 서민의 소득이 위축되자 쓰레기 배출량이 감소했다. 그런데 특이하게 연탄재의 배출량만은 증가했다. 그것은 소득이 위축되면서 서민 가계에서 석유와 가스보다 상대적으로 값이 싼 연탄을 많이 사용한 결과이다. 연탄이 열등재라는 것을 말해준다.

수요의 소득탄력성: 소득이 변할 때 수요가 얼마나 변하는가의 정도.

우등재: 소득이 증가할 때 소비도 증가하는 재화.

열등재, 하급재: 소득이 증가할 때 수요가 오히려 감소하는 재화.

엥겔의 법칙: 소득이 낮을수록 생계비에서 식료품비의 비율이 높아지는 현상.

자식도 많으면 천하다

거미집 사이클

어느 날 시골에 계신 아버지가 아들에게 전화를 걸어 말한다.

"내년 등록금 걱정 말아라. 올 가을 참깨 값이 좋거든. 우리도 내년 봄에 참깨 많이 심을 거다."

올 가을 참깨 값이 좋으니 내년에 많이 심어 아들의 등록금을 마련하겠다는 시골 아버지의 소망은 이루어질 것인가?

자식도 많으면

미국 농산물 시장에 콘-혹 사이클(corn-hog cycle)이라고 이름 붙은 재미있는 현상이 있다. 돼지 사육 두수와 옥수수 재배 면적 사이에 일정한 사이클이 있다는 것이다. 돼지 사육 증가는 옥수수 재배 증가를 불러오고, 돼지 사육이 감소하면 옥수수 재배 감소를 불러오는

데, 그 사이에 가격이 개입하여 사육 두수와 재배 면적 사이에 일정한 순환이 생긴다는 것이다.

상품의 공급량을 결정해주는 요인으로는 상품의 가격, 재료비, 임금, 토지 임대료, 생산기술 등 여러 가지가 있다. 그 중에서도 가장 중요한 요인은 그 상품의 가격이다. "자식도 많으면 천하다"라는 속담이 있다. 상품의 가격이 상승하면 공급이 증가하고 하락하면 감소한다. 이 현상을 공급의 법칙이라고 한다. 일반 상품은 공장에서 생산되기 때문에 가격이 변할 때 공급 반응이 즉각 이뤄진다. 공급의 법칙이 원활하게 작용한다. 그런데 농산물은 공급 반응에 계절에 따른 시차가 있어서 그렇지 않다.

이제 아버지의 참깨 농사가 어떤 결과를 가져올지를 생각해보자. 참깨 생산에도 공급의 법칙이 작용한다. 올 가을에 참깨 값이 좋았다고 하자. 농사짓는 사람이라면 누구나 다음 해 봄에 참깨를 많이 심을 것이다. 가을 수확철의 참깨 값은 안 봐도 뻔하다. 너도나도 참깨를 심은 까닭에 공급 과잉으로 참깨 값은 떨어질 것이고, 등록금 마련은커녕 아버지의 주름살만 늘어날 것이다.

거미집 사이클

가격 변화에 대한 공급 반응에 시차가 있기 때문에 나타나는 현상을 거미집 사이클이라고 한다. 거미집 사이클은 주로 농산물에서 발생한다.

농산물은 계절에 맞춰 생산된다. 어느 시점에 가격이 높다고 해도 곧바로 생산되어 공급이 증가하지 못한다. 다음 해에야 공급이 증가한다. 가격에 대한 공급 반응이 한 해 늦게 나타난다. 즉 농산물의 생산에는 시차가 있다. 농부는 올해 참깨 가격이 높으면 다음 해에 많이 심고, 낮으면 적게 심는다. 올해 참깨 가격이 높다고 모두들 참깨를 많이 심으면 다음 해의 참깨 가격은 하락한다. 다음 해의 참깨 가격이 하락하면 그 다음 해의 참깨 생산은 감소하고 가격이 상승한다. 가격에 대해 공급 반응이 한 해씩 늦으면서, 참깨 가격은 오르고 내리는 진동을 계속하게 된다. 농산물의 가격과 공급량의 조정 과정을 수요곡선과 공급곡선을 이용하여 그래프로 나타내면 그 모양이 마치 거미집처럼 보인다고 해서 거미집 사이클이라고 부른다.

농사라는 것은 풍년이 들어도 걱정, 흉년이 들어도 걱정이다. 양파 재배 농민이 풍년에 기뻐하기는커녕 자신의 밭을 갈아엎어 버렸다는 보도를 우리는 가끔 접한다. 가격 폭락으로 품삯도 건지기 어렵기 때문에 차라리 갈아엎어 버리는 것이 낫다는 것이다. 그렇다고 흉년이 좋은가. 그렇지도 않다. 흉년에 가격이 좋아봤자 팔 물건이 없다면 무슨 소용인가.

공급의 법칙: 가격이 오르면 공급이 증가하고 하락하면 감소하는 현상.

거미집 사이클: 공급 반응이 시차를 두고 나타나 생기는 현상.

콩 심은 데 콩 나고
팥 심은 데 팥 난다

보이지 않는 손

자연의 섭리나 경제 원리는 크게 다르지 않다. 경제 원리라고 해서 자연의 섭리를 벗어나서 특별한 원리가 있는 것이 아니라 순리대로 돌아간다. 우리 속담에 "콩 심은 데 콩 나고, 팥 심은 데 팥 난다"라는 말이 있다. 콩을 심고 흙을 덮으면 밖으로 보이지 않아서 그곳에 콩을 심었는지 팥을 심었는지 알 수 없다. 그러나 잠깐 기다리면 콩 심은 데서는 콩의 떡잎이 나오고 팥 심은 데서는 팥의 떡잎이 나온다. 보이지 않지만 땅 속에서 싹이 트고 해당하는 잎을 내민다. 이러한 일들을 거시적으로 보면 자연의 질서가 된다. 자연의 질서는 매우 정교해서 누군가 무대 뒤에 숨어서 조정하는 것처럼 보인다.

보이지 않는 손

아담 스미스는 경제가 어떤 '보이지 않는 손(invisible hand)'에 의해 질서가 형성되고, 스스로 최선의 길을 찾아간다고 생각했다. 아담 스미스가 설명한 보이지 않는 손에 의해 인도되는 경제를 우리는 흔히 시장경제라고 부른다.

시장경제에는 수많은 공급자와 수요자, 그리고 중간 매개자 등의 경제 주체가 참여한다. 이들 주체 중 어느 누구도 남을 위해 행동하지 않는다. 이들은 오직 자기의 이익을 위해 행동한다. 또 이들 중 어느 누구도 전체를 지휘하거나 감독하지도 않는다. 콩 씨앗이 콩잎을 내듯이 자기 자신의 일을 할 뿐이다. 그런데도 시장경제체제의 결과는 혼란이 아니라 효율이다. 지휘자도 책임자도 없는 시장경제가 효율적이라는 것은 역설적으로 보이지만 역사를 통해 그 효율성이 증명되고 있다.

저녁식사는 이기심 덕분

우리가 저녁식사를 맛있게 할 수 있는 것은 정육점이나 농부의 자비심이 아니라, 그들이 자신의 이익을 위해 일한 덕분이다. 개인이나 기업이 일하는 것은 사회의 이익을 증진시키기 위해서가 아니다. 그들은 자기가 얼마나 사회의 이익을 증진시키고 있는지 관심도 없고 알지도 못한다. 다만 자기들 스스로의 개인적 이익을 위해 일하거나 사업을 할 뿐이다. 이렇게 하는 가운데 보이지 않는 손의 인도를 받아 자신이 의도하지 않았던 다른 목적도 달성하게 된다. 즉 사리私利를 추구하는 가운데 공익公益도 저절로 증진된다. 이것이 의도적으로 공익을 증진시키려고 하는 경우보다 오히려 공익을 더 효과적으로 증진시킨다. 자기 자신의 이익 추구는 자연적으로, 아니 필연적으로, 사람들이 사회에 가장 이익이 되는 방식을 취하도록 이끈다.

이 글은 아담 스미스의 저서 국부론에 나오는 내용이다. 아담 스미스는 이기적 본능이 이타심이나 희생정신 등 인간 심성의 고귀한 측면보다 더 강력하고 지속적으로 경제활동에 동기를 부여함으로써 경제를 효율적으로 이끌어간다고 보았다.

구성의 모순

스미스의 이러한 견해는 케인스에 이르러 논리의 충돌을 일으킨다. 개인에게는 선이지만 사회 전체로 볼 때는 선이 아닐 수도 있는 것이다. 케인스 등 후세의 학자들은 구성의 모순을 들어 부분과 전체가 다르며, 개인의 선이 모이면 악이 될 수도 있다고 주장했다. 뒤에 나오는 '기와 한 장 아끼려다 지붕 내려앉는다'로 설명하는 절약의 역설이 그것이다.

보이지 않는 손: 드러나지 않고 경제 질서를 이끌어가는 어떤 손.

물건을 모르거든 금새를 보고 사라

가격의 기능

상품의 가격은 시장에서 수요 공급 원리에 의해서 결정되며, 시장에서 결정된 이 가격은 일반적으로 재화의 가치를 반영한다. "물건을 모르거든 금새(가격)를 보고 사라"라는 속담이 전해 내려오는 것을 보면 우리 조상은 시장에서 결정된 가격을 신뢰했던 모양이다. '서 푼짜리 소는 이빨도 들춰보지 말랬다'라는 속담도 있다. 소나 말을 살 때는 이빨을 보고 사는데, 나이와 건강 상태를 알 수 있어서인데서 푼짜리 소라면 무슨 기대를 하고 이빨까지 들춰보며 사겠느냐는 이야기이다. 물건의 품질을 모를 때는 가격을 보고 짐작할 수 있다.

가격의 기능

가격은 각종 경제행위의 지표가 된다. 첫째, 생산의 지표이다. 기업은 가격이 높으면 공급을 늘이고 낮으면 줄인다. 둘째, 소비의 지표이다. 소비자는 가격이 높으면 수요를 줄이고 낮으면 늘인다. 셋째, 자원 배분의 지표이다. 가격은 생산량을 결정해주고, 생산량은 생산요소 투입량을 결정해준다. 상품의 가격이 자원을 얼마나 사용할 것인가를 결정해주는 것이다. 자원을 어느 분야에 얼마나 사용하는가를 자원 배분이라고 한다. 한편, 시장에서 상품은 낮은 가격으로 공급하는 순서로 팔린다. 가장 효율적으로 생산하는 기업이 우선 공급할 수 있다. 가격이 경쟁 메커니즘을 통해 기업에 효율적 생산을 요구하는 것이다.

생산자와 소비자가 가격을 기준으로 경제활동을 하면 가격의 자율적인 배분 기능에 따라 수요와 공급이 균형을 이루게 된다. 이러한 기능을 가격의 '매개변수 기능'이라 한다.

시장경제

우리는 생활 속에서 시장, 시장경제, 시장경제체제라는 말을 흔히 들으며 살고 있다. 시장경제란 사유재산제도를 기초로 해서 시장에서 결정되는 가격에 의해 자원이 효율적으로 배분되고 교환되는 경제체제를 말한다. 자본주의 경제는 시장경제를 기반으로 한다. 시장경제에 대비되는 경제체제는 계획경제이다. 계획경제란 생산이나 교환이 국가의 계획이나 지시에 의해 이루어지는 경제체제를 말한다. 사회주의 경제는 계획경제를 기반으로 한다.

오늘날 대부분의 국가는 시장경제 체제를 택하고 있다. 시장경제 체제에서는 개인, 기업 등 각 경제주체가 생산과 소비를 결정한다. 또 이러한 의사결정은 시장에서 결정되는 가격에 의해 각각 자신의 만족을 극대화하는 방향으로 이루어진다. 시장에서 수요와 공급에 의해 결정되는 가격을 중심으로 경제주체의 행동이 이뤄지는 것이다.

잘못된 금새

시장경제는 가격의 기능을 신뢰하는 경제체제이다. 시장에서 가격 기능이 제대로 작동되면 자원이 효율적으로 이용되고 생산자도 소비자도 만족한다. 하지만 가격이 제 기능을 발휘하지 못하면 자원이 비효율적인 곳에 사용되고 시장경제가 흔들리게 된다. 특정 자원의 과다 또는 과소 이용으로 환경이 파괴되고 소득불평등이 생겨나게 된다. 부동산 투기는 주택시장이 제대로의 기능을 발휘하지 못하게 한다. 사용가치보다는 교환가치가 좌우하는 우리나라 아파트 가격은 잘못된 금새이다. 아담 스미스가 본다면 '물과 아파트 가격의 모순'이라고 부를 것이다.

가격의 기능: 소비, 생산, 자원 배분의 지표.

시장경제: 시장에서 결정되는 가격에 의해 자원이 배분 교환되는 경제체제.

매개변수 기능: 가격이 상품의 수요와 공급을 일치하도록 인도하는 기능.

청개구리 심보다

스노브 효과

전통적인 경제이론에서는 상품의 가격이 오르면 수요가 감소하고 가격이 내리면 증가하는 수요법칙이 나타나며, 소비자가 효용을 보고 구입하는 것이지 다른 사람의 영향을 받지 않는다고 생각해왔다. 하지만 실제로는 다른 사람의 영향을 받는 예외 현상이 나타나기도 한다. 라이벤스타인(H. Leibenstein)은 수요법칙의 예외 현상으로 스노브 효과, 베블런 효과, 밴드왜건 효과를 들었다.

스노브 효과

가마귀 싸호난 골에 백로야 가지 마라

성낸 가마귀 흰 빗찰 새오나니

청강에 좋이 시슨 몸을 더러일까 하노라

우리에게 익숙한 이 시조는 정몽주의 어머니가 지은 것으로 알려져 있다. 이성계의 아들 이방원이 잔치를 베풀어 정몽주를 초대하였다. 당시 이성계 일파는 고려 왕조를 폐하려는 모사를 꾸미고 있었으며, 그 일환으로 고려의 중신들을 회유하고 포섭하는 중이었다. 정몽주 어머니는 아들에게 몸가짐을 조심하라는 훈계로 이 시를 지었다고 한다.

상품 소비에 있어서 다른 사람과 차별된 행동을 하는 것을 스노브 효과(snob effect)라고 한다. 어떤 사람은 자기가 좋아하는 상품이라도 그 상품을 구매하는 사람이 많아지면 자신의 차별화를 위해 구매하지 않는다. 또 어떤 사람은 다른 사람이 구매하지 않거나 구매할 수 없는 상품을 오히려 구매한다. "청개구리 심보다"라는 속담 그대로의 행동이다. 스노브 효과를 속물 효과라고도 한다. 요즈음은 '백로 효과'라는 용어로 사용되고 있다.[2] 물론 정몽주 어머니의 시조에서 유래한 용어이다.

명품시장에도 스노브 효과가 나타난다. 이러한 소비 성향을 노노스 현상이라고 부른다. 노노스란 '노 로고 노 디자인(no logo no design)'의 줄임말로 유명 브랜드보다는 차별화한 디자인 제품을 즐기는 소비 현상을 말한다. 노노스 족은 명품 선호 현상에 대한 반작용으로 나타났으며 자기만의 스타일을 중시한다.

베블런 효과

미국의 경제학자 베블런(T. Veblen)은 상류층이 사회적 지위를 과시하기 위하여 고가의 상품을 소비한다고 설명하고, 이를 '과시적 소비'라고 불렀다. 베블런은 부유층은 사치품의 가격이 상승할수록 그 제품을 구입하여 사회적 지위를 과시한다고 설명했다. 위치재나 명품 구입 등이 이에 속한다. 이와 같은 소비를 베블런이 연구했다고 해서 베블런 효과라고 부른다. 2011년에 우리나라와 EU 사이에 FTA가 발효되자 수입 관세가 내렸다. 사람들은 명품 가방의 가격이 내리리라 기대했다. 하지만 가방 가격은 내리기는커녕 오히려 올랐다. 더 놀라운 것은 매출도 같이 뛰어 오른 것이다. 그것도 가격을 가장 많이 올린 가방의 매출이 가장 많이 올랐다. 기업은 명품을 소지함만으로도 사회적 명사가 되는 것 같은 환상에 빠지도록 교묘하게 광고를 한다. 과시 욕구가 존재하고, 기업이 이를 부추기는 한 베블런 효과는 지속될 것이다.

한편, "이웃이 장에 가니 망옷 지고 따라 간다"는 속담이 있다. 이웃이 시장에 가니 자기는 볼 일도 없으면서 따라 나선다는 것이다. 망옷은 퇴비를 말한다. 다른 사람이 소비하면 자기도 따라서 그 상품을 소비하는 현상을 밴드왜건 효과 또는 동행효과라고 한다.

스노브 효과: 차별화를 위해 다른 사람이 소비하는 재화의 소비를 기피하는 현상.

베블런 효과: 고급 재화를 소비해서 자기의 신분을 과시하는 현상.

권에 못 이겨 방갓 산다

충동구매

우리 속담에 "권에 못 이겨 방갓 산다"라는 말이 있다. 방갓이란 상중喪中에 쓰는 삿갓을 말한다. 가늘게 쪼갠 댓개비를 엮어서 만든 방갓은 평소에는 사용할 일이 없는 물건이다. 이 속담은 누가 권한다는 이유만으로 쓸모없는 물건을 사는 어리석은 행동을 말한다. 오늘날 다양한 기법의 광고가 발달하면서 '광고에 못 이겨 방갓 사는' 일이 흔히 일어난다.

광고

오늘날 미국의 어린이 비만이 큰 걱정거리로 등장하고 있다. 심지어 성인병이 어린이에게 나타나는 소아 당뇨도 사회 문제이다. 미국의 어린이 식습관이 정크 푸드 광고에 영향을 받는다는 연구 결과가 발표되었다. 국립과학원 의학연구소 연구팀이 TV광고가 10세 이하 어린이들의 식음료 소비 습관에 커다란 영향을 미친다는 연구 결과를 발표한 것이다. 연구팀은 특히 정크 푸드 광고와 어린이 비만 간에 명백한 상관관계가 존재한다고 주장했다.

광고 본래의 기능은 상품 정보를 소비자에게 제공해주는 것이다. 하지만 광고는 바람직하지 않는 소비를 부추기는 역기능도 가지고 있다. 비가치재에 속하는 재화도 광고의 혜택을 누릴 수 있는 것이다.

쇼핑의 재미와 그늘

알다가도 모를 여성 심리가 쇼핑에 대한 태도다. '쇼핑처럼 피곤한 것 없다'고 불평하면서도 쇼핑만큼 즐기는 것 또한 없는 것 같다. 이 가게, 저 가게를 기웃거리며 입어보기도 하고 신어보기도 하고, 거울을 보거나 점원의 권을 듣거나 하면서 쇼핑은 끝날 줄 모르게 이어진다. 쇼핑백을 들고 포터(porter)로 따라다니는 남편에게는 쇼핑이 고역이다. 다행인 것은 쇼핑이 여성에게도 피곤한 일이라는 점이다. 남편은 아내가 지칠 때까지만 따라다니면 된다.

최근에 쇼핑족에게 반가운 쇼핑 공간이 등장하였다. 새로운 쇼핑 공간은 쇼핑의 유일한(?) 단점이었던 '피곤함'을 제거한, 쇼핑의 재미를 만끽할 수 있는 공간이다. 인터넷 쇼핑과 TV 홈 쇼핑이 그것이다. 상점에 직접 가서 물건을 고르지 않아도 되는 이 쇼핑은 시간과 경비를 절감시켜 줄 뿐만 아니라 쇼핑의 피곤함마저 제거해준다. 광고 화면과 문구는 소비자의 입맛을 딱딱 맞춘다. 쇼핑 좋아하는 사람에게 환상적인 공간이다.

구경하다가 구매자로

사람들은 인터넷 여기저기를 돌아다니다가 무의식적으로 쇼핑몰에 들어가고, 구매에 몰입한다. 인터넷 쇼핑은 편리성과 효과적인 광고로 소비자를 끌어당긴다. '구경꾼으로 들어왔다가 구매자가 되어' 나가는 곳이 인터넷 쇼핑몰이다. 인터넷 쇼핑몰에서는 충동구매가 다반사로 일어난다. 충동구매가 잦은 사람의 집에는 구입해놓고 사용하지 않는 '방갓'이 쌓여간다. 그래도 남편에게 한 가지 좋은 점이 있다. 인터넷 쇼핑몰 덕분에 쇼핑백을 들고 포터로 따라다니지 않아도 된다는 사실이다. 지갑이 훨씬 빨리 얇아지는 것은 빼고.

최근에는 바이럴 광고가 등장해서 위력을 떨치고 있다. 온라인상에서 네티즌의 연쇄 반응을 통하거나 구전을 통해 이뤄지는 광고가 인기인 것이다. 바이럴(viral)은 바이러스의 형용사로 사람들 사이에 마치 바이러스처럼 퍼져나간다는 의미다. 소셜네트워크(SNS)는 바이럴 광고의 온상이다. 이러한 광고는 소비자에게 속삭인다.

"이 방갓은 언젠가 쓸 때가 있으니 지금 쌀 때 꼭 사시라."

충동구매: 광고 등을 보고 충동적으로 상품을 구매하는 현상.

바이럴(viral) 광고: 구전을 통해 이뤄지는 광고.

3

생산_

도랑 치고 가재 잡는다

가을밭에 가면 없는 친정에 가는 것보다 낫다: 자연자원, 흘러가는 물도 떠 주면 공된다: 경제재, 뒤에 볼 나무는 그루를 높이 돋우어라: 지속가능한 경제, 개장수도 올가미가 있어야 한다: 자본, 역말도 갈아타면 낫다: 감가상각, 석 자 베를 짜도 베틀 빌이기는 일반: 고정비용, 목수 많은 집이 기울어진다: 수확체감의 법칙, 고기 보고 부럽거든 가서 그물을 떠라: 우회생산, 보기 좋은 떡이 맛도 좋다: 디자인, 월천꾼에 난쟁이 빼듯: 생산자최적, 한 냥 잘설에 고추장이 아홉 돈: 비효율적 자원 이용, 도랑 치고 가재 잡는다: 범위의 경제, 소리개도 오래면 꿩을 잡는다: 전문화, 기술진보

가을 밭에 가면 없는 친정에 가는 것보다 낫다

자연자원

'엄마가 섬 그늘에 굴 따러 가면 아기가 혼자 남아 집을 보다가…….' 서정적인 가락의 동요 '섬 집 아기'는 바닷가 갯마을의 삶을 담고 있다. 바다에는 굴뿐만 아니라 미역, 조개, 꼬막 등 먹을거리가 있다. 또 강물에는 고기가 놀고, 모래 속에는 재첩이 살고 있다. 덕분에 국물 맛이 시원한 '원조 할머니 재첩 국'집도 생겼다. 산 또한 도토리, 산나물, 칡, 머루, 으름으로 먹을거리를 선사한다.

가을밭

우리 속담에 "가을 밭에 가면 없는 친정에 가는 것보다 낫다"라는 말이 있다. 가을의 들녘에는 황금물결이 춤추고, 풍성한 가을밭은 수확하는 손길을 기다린다. 봄부터 씨를 뿌려 가꾼 밭에는 뜨거운 여름 햇볕에 영근 콩, 조, 수수, 참깨, 고구마 등의 곡식과 무, 배추 등의 채소가 풍성하다. 저절로 난 개똥참외도 사람 눈에 띄기를 기다리는 것이 가을밭이다. 시골에서 어머니가 밭에 다녀오시면 아이들은 좋다구나 하고 바구니에 달려들어 다래, 단수수, 먹때왈 등을 찾아내 먹곤 했다.

다래, 단수수, 먹때왈은 젊은 독자에게 아마 생소한 말일 것이다. 다래란 목화 열매의 익기 전 이름이다. 먹으면 달콤한 맛이 나서 아이들이 좋아했다. 다래는 익으면 목화송이가 되는 것이라 함부로 따먹으면 안 된다. 동네 개구쟁이들이 밭에 들어가 다래를 따먹다 밭주인에게 들켜 혼나는 모습은 이제 옛 시골의 추억이 되었다. 단, 목화송이를 딴 뒤에 남아있는 다래는 아이들 차지였다. 단수수는 사탕수수의 일종이다. 껍질을 벗기고 부드러운 줄기를 먹는다. 시골에서는 수수 사이에 몇 그루씩 단수수를 심어서 밭에 다녀온 엄마가 아이들에게 간식거리로 가져다주곤 했다. 먹때왈은 까마중을 말한다. 때왈은 꽈리의 사투리이다. 검은 꽈리라는 뜻으로 까마중이라 부른다.

구황식품

춘궁기에 우리 조상들은 구황식품으로 연명했다. 평소에는 먹지 않지만, 흉년이나 전쟁으로 먹을 것이 없을 때 굶주림에서 벗어나기 위해 먹는 식품이 구황식품이다. 자연은 산야에 구황식품을 준비해 두고 있다. 산과 들에는 쑥, 고사리, 칡이 있고 도랑과 개울에는 우렁이와 미꾸라지, 가재, 다슬기가 산다. 구황식품의 대표는 역시 쑥이 아닌가 싶다. 쑥은 단군신화에도 나올 만큼 우리 민족에게 친숙하다. 평소에는 쑥떡을 만들어 먹거나 된장국을 끓여 먹었다. 봄에 머리 땋은 처녀들이 쑥 캐는 모습은 우리 농촌의 정겨운 풍경이었다. 쑥은 생명력이 매우 강해서 날씨가 나빠서 흉년이 들어도 척박한 땅에서 싹이 트고 자라났다. 보릿고개를 힘겹게 넘는 사람들에게 구황식품이 되어 주었다. 우리 민족을 지탱시킨 것은 쑥이라는 말도 있다.

가난한 이들의 좋은 먹을거리가 되어온 고구마는 우리나라 토착식물이 아니라 조선 시대에 조엄이 대마도에서 가져온 것이다. 일본에 통신사로 갔던 조엄은 쓰시마 섬에 들렀을 때 고구마를 처음 보았다. 고구마가 조선 백성에게 큰 도움이 되리라 생각한 조엄은 고구마 종자를 얻고 재배법을 배워왔다. 조엄은 들여온 고구마를 심으면서 "이 식물이 조선 팔도 전역에 퍼진다면 굶주리는 백성이 없을 것"이라고 말했다고 한다. 고구마는 조엄이 기대했던 대로 가난한 서민이 굶주림을 면하게 해주었다.

자연자원

살어리 살어리랏다. 청산에 살어리랏다.
머루랑 다래랑 먹고 청산에 살어리랏다.

'청산별곡'은 머루와 다래를 먹으며 청산에 살자고 노래한다. 청산별곡에 나오는 다래는 위에 말한 개구쟁이들이 좋아했던 목화 열매가 아니라 산에서 자생한 넝쿨식물의 열매이다. 키위처럼 생긴 과일이다. 자연에서 얻는 의식주를 해결해주는 자원을 자연자원이라고 한다. 뒤에 나오는 "개장수도 올가미가 있어야 한다"에서 다시 설명한다.

자연자원에는 토지와 함께 해양자원, 삼림자원, 지하자원 등이 있다. 자연자원은 생산요소이면서 또한 소비재이기도 하다. 자연은 이처럼 우리에게 먹을 것이나 입을 것 등을 공급해 준다. 인간의 삶은 자연에서 시작되고 자연으로 끝난다. 그런데 이 소중한 자연이 인간에 의해 파괴되고 있다. 지표면의 산소 공급량 중 거의 60%를 담당하는 아마존 유역의 숲이 개발이라는 이름 아래 계속 사라져 가고 있다.

구황식품: 흉년들어 먹을 것이 없을 때 굶주림에서 벗어나기 위해 먹는 음식.

자연자원: 토지, 해양자원, 삼림자원, 지하자원 등 자연에서 얻는 자원.

흘러가는 물도 떠 주면 공 된다

경제재

후삼국 시대에 나주의 호족 오吳 씨 댁 처녀는 목이 말라 물을 찾는 왕건에게 물 한 바가지를 건네면서 버들잎을 띄워 준 인연으로 왕비가 되었다는 이야기가 전해온다.

"흘러가는 물도 떠 주면 공功 된다"라는 속담이 있다. 산골짜기나 강에 흘러가는 물을 끌어다가 깨끗이 거르고 소독해서 정수하는 등 공을 들이면 마실 수 있는 수돗물이 된다. 바위틈에서 솟아오르는 우물물이라도 떠주어야 공 된다.

경제재

우리는 재화와 서비스를 소비하며 살아간다. 재화와 서비스는 자원을 이용하여 만든 것이다. 자원에는 자유재도 있고 경제재도 있다. 존재량이 인간의 욕구를 충족시키고도 남을 정도로 많아서 대가를 치르지 않고 얻을 수 있는 자원을 자유재라고 한다. 공기나 햇볕, 밤하늘의 아름다운 별빛, 여름에 불어오는 시원한 바람 등이 자유재이다. 이에 비해 부존량이 욕구하는 양보다 적거나, 제조하는데 비용이 들어서 대가를 지불해야 얻을 수 있는 자원을 경제재經濟財라고 한다. 사람이 살아가는데 필요한 음식, 옷, 집 등이 대부분 경제재이다. 경제재는 무료로 얻을 수 없어서 매매의 대상이 된다. 특허권이나 저작권 등 무형의 자원도 양도나 매매의 대상이며, 경제재에 속한다.

대부분의 자원은 부존량이 많을 때는 자유재지만 공급이 감소하거나 공급은 그대로인데 수요가 증가하면 경제재로 변한다. 물은 전형적인 자유재였지만 공업용수와 음용수는 경제재로 변한지 오래다. 수돗물을 사용하려면 수도요금을 내야 하고 페트병에 담긴 생수를 마시려면 값을 지불해야 하는 세상이 된 것이다. 요즈음에는 공기마저 완전한 자유재라고 보기 어렵다. 대기 오염 때문에 깨끗한 공기를 얻기가 어렵기 때문이다. 오염된 공기는 비용을 들여 정화시켜야 마실 수 있다. 미세먼지가 한반도를 뒤덮으면서 공기청정기가 불티나게 팔린다. 해롭지 않은 공기를 마시기 위해서는 공기청정기를 사들이고, 가동에 따로 전기료를 내야 한다. 더운 날 시원한 공기를 얻기 위해서 우리는 선풍기를 틀거나 에어컨을 가동하는 등 대가를 지불하고 있다.

물도 떠 주면 공 된다

자유재를 경제재로 변화시키는 과정은 생산의 일종이다. 계절의 변화는 자연이 가져다주는 무형의 자유재이다. 봄에는 봄비로 밭을 적시고 여름에는 장맛비로 논에 물을 가득 채운다. 계절은 오라고 값을 치르지 않더라도 찾아와서 날씨를 따뜻하게 해 씨앗을 싹 트게 하고 꽃을 피우며 열매를 맺게 한다. 비와 적당한 온도, 햇볕이 모두 무료로 제공된다. 그런데 이 계절 변화 과정에 비닐하우스가 등장하고 있다. 비닐하우스는 온도, 일조량 등 계절의 변화가 가져다주던 작물 생육의 조건을 인공으로 만들어서 계절과 관계없이 작물의 재배를 가능케 해준다. 말하자면, 비닐하우스는 자유재인 계절의 변화를 앞당기거나 뒤로 밀쳐서 경제재로 바꿔주는 장치이다.

물처럼 '흘러가는' 것이 계절이지만 비닐하우스로 '공'을 들이니 겨울에 수박과 딸기를 가져다주는 것이다.

자유재: 대가를 지불하지 않고 얻을 수 있는 자원.

경제재: 대가를 지불해야만 얻을 수 있는 자원.

뒤에 볼 나무는 그루를
높이 돋우어라

지속가능한 경제

우리 속담에 "뒤에 볼 나무는 그루를 높이 돋우어라"라는 말이 있다. 그루란 나무줄기의 아래 부분을 말한다. 키워서 미래에 덕을 볼 나무는 미리 잘 가꾸어야 한다는 뜻의 속담이다. 후에 일어날 일을 위해 현재를 생각해 보라는 의미로 사용된다.

축령산 조림지

전남 장성군 축령산에 가면 우리나라에도 이런 곳이 있는가 깜짝 놀랄 정도로 조림이 잘 된 울창한 숲이 있다. 편백나무와 삼나무가 넓은 산을 가득 메우고 있는 이 숲은 한국의 조림왕이라고 일컫는 고 임종국 씨가 일생동안 조림한 것이다. 임종국 씨는 먹을거리도 풍족하지 않던 시절 축령산 자락에 나무를 심기 시작했다. 1968년

가뭄 때는 물지게를 지고 산을 오르내리며 나무를 살려냈다. 오늘날 한국 최고의 나무밀도를 자랑하는 축령산 조림지는 세계적인 조림국 독일이 벤치마킹을 했을 정도로 유명한 곳이 되었으며, 숲이 지니는 다양한 혜택을 후손에게 물려주고 있다. 축령산 일대는 편백나무 숲이 주는 힐링 효과를 즐기려는 인파가 그칠 날이 없다. 숲 안에서는 편백나무가 내뿜는 피톤치드(phytoncide)를 마시며 삼림욕을 즐긴다. 숲 아래 사시사철 맑은 물이 흐르는 골짜기에는 흐르는 냇물과 주위의 풍광을 즐기는 시민들로 북적인다. 숲이 사람들 몸과 마음에 풍요로움을 선사한다.

아메리카 대륙의 자연 질서

콜럼버스가 아메리카 대륙에 도착한 뒤 아메리카 대륙에는 갖가지 파괴가 뒤따랐다. 특히 문명이 파괴되었다. 찬란하던 잉카, 마야, 아스테카 문명이 돌무더기만 남긴 채 사라져버렸다. 황금과 향신료를 찾아 신대륙에 건너 온 서구인이 몰살시켜버린 것이다. 북미의 인디언은 대부분 멸족되었거나, 보호구역이라고 불리는 격리 지역에서 일부 부족이 명맥을 유지하고 있을 뿐이다. 대평원을 질주하던 물소[3]는 국립공원에서 겨우 연명하거나, 동물원에서 사람들이 던져주는 먹이에 의존해 살고 있다.

아메리카 대륙은 사람과 자연이 공존하는 곳이었다. 인디언은 먹이를 위해서만 사냥하되, 그 먹잇감이 보존되도록 배려하는 사냥 원칙이 있었다. 사냥할 때 달아나는 무리 중 뒤에 처지는 약한 놈부터 잡았다. 뒤에 처지는 놈은 약한 녀석이라 사냥하기가 쉬웠다. 앞장서서 달리는 우량한 놈을 살려두면 들판에 식량을 확보해 둘 수 있었다. 우량한 놈부터 먼저 잡는다면 들짐승이 언젠가는 멸족될 수밖에 없다는 것을 인디언은 알고 있었다. 그들은 미래의 식량이 될 짐승을 자연 속에서 키우는 지혜를 발휘했던 것이다.

지속가능한 경제

인디언뿐만 아니라 짐승도 사냥할 때는 무리 중 뒤처지는 놈부터 잡는다. 특히 사나운 포식자라도 배가 고프지 않을 때는 결코 사냥하지 않는다. 사냥을 재미로 하는 종족은 인간밖에 없다.

환경보존이냐 경제개발이냐 하는 문제가 대두되면서 지속가능한 경제에 대한 관심이 높아지고 있다. 사람들은 흔히 환경과 개발은 양립할 수 없다고 생각한다. 환경 보존과 경제개발은 동시에 추구될 수 없으며, 하나를 위해서는 다른 하나가 희생되어야 한다고 생각하는 것이다. 그러나 지속가능한 경제나 지속가능한 성장이라는 말이 나오면서 상생의 길도 모색하고 있다. 지속가능한 경제란 현재 세대뿐만 아니라 미래 세대의 삶까지도 보장하는 경제를, 지속가능한 성장은 환경과 개발을 조화시키는 성장을 추구한다.

지속가능한 경제: 현재의 자연환경을 미래지향적으로 개발, 보전하는 경제.

개장수도 올가미가
있어야 한다

자본

우리 속담에 "개장수도 올가미가 있어야 한다"라는 말이 있다. 또 '거미도 줄을 쳐야 벌레를 잡는다'라는 말도 있다. 누구나 손쉽게 할 수 있는 개장수라도 최소한 올가미라는 도구는 있어야 한다. 올가미라는 도구가 있어야 개를 끌고 다니며 장사를 할 수 있기 때문이다. 거미가 벌레를 잡으려면 거미줄이라는 생산수단이 있어야 한다.

자원(資源)

기업은 자원資源을 투입하고 이용하여 상품을 생산한다. 자원은 생산요소가 된다. 자원에는 인적자원도 있고 비인적자원도 있다. 인적자원은 보통 말하는 노동勞動이다. 노동의 주체는 사람이다. 비인적자원으로는 토지土地로 대표되는 자연자원과 자본資本이라고 부르는 생산수단이 있다. 아래는 자원을 분류한 표이다.

자원	인적자원	노동	노동, 경영	노동
	비인적자원	자연자원	토지, 해양자원, 지하자원, 삼림자원	토지
		자본 (생산수단)	공장, 기계 설비, 수송수단	자본

〈표〉 자원의 분류

표에서 보는 바와 같이 자원은 노동, 자연자원, 자본 등 세 갈래로 분류된다. 노동에는 경영도 포함된다. 자연자원에는 토지, 해양자원, 삼림자원, 지하자원 등이 있다. 자연자원을 통틀어서 토지라고 부른다. 공장 건물, 기계 설비, 수송수단 등은 사람이 상품 생산을 위해 만든 생산수단이다. 이들 생산수단을 자본이라고 부른다. 표의 오른쪽 마지막 열列을 보면 자원이 노동, 토지, 자본으로 분류되어 있다. 생산에는 노동, 토지, 자본이라는 자원이 기본적으로 이용된다. 이들 노동, 토지, 자본을 본원적 생산요소라고 한다.

자본

우리는 가끔 "조그만 구멍가게를 해서 먹고 살려 해도 자본이 최소한 8천만 원은 필요하다"라는 말을 듣는다. 이 사람이 말하는 자본은 엄밀히 말해서 자본이 아니라 자금資金이다. 자본과 자금은 다르다. 그렇다면 자본은 무엇인가?

자본은 학자에 따라, 무엇과 관계를 지어 말하느냐에 따라 정의가 다르다. 자본에 대한 정의는 대개 두 가지로 나뉜다.

첫째, 장사나 사업에 필요한 자금을 뜻한다. 즉 '자그마한 구멍가게를 하려 해도' 필요한 자금이다. 사업 자금의 뜻으로 사용된다.

둘째, 상품을 생산하는데 필요한 생산수단을 말한다. 자본주의 사회에서는 자본을 가진 사람이 기업을 조직하여 상품을 생산한다. 생산을 위해 만든 기계, 도로 등 인간이 만들어 낸 실물 생산요소가 생산수단이자 자본이다. 오늘의 산업사회에서 기계는 자본의 대명사이다. 경제학의 생산이론 부분을 읽는 경우에는 '자본=생산수단=기계'라고 생각하고 읽는 것이 좋다.

자본에는 기계와 같이 생산에 직접 이용되는 생산수단 외에 간접적으로 이용되는 간접생산자본도 있다. 간접생산자본은 '사회간접자본(SOC)'이라고 한다. SOC란 우리가 잘 알다시피 전기, 도로, 항만 등 생산 활동을 지원하는 자본이다. 사회간접자본을 '인프라스트럭처(infrastructure)' 또는 줄여서 '인프라'라고 부른다.

자원: 상품을 생산하기 위해서 투입되는 생산요소.

생산수단(자본): 사람이 상품 생산을 위해 만든 것.

본원적 생산요소: 노동, 토지, 자본.

인프라스트럭처(infrastructure): 인프라, 사회간접자본.

역말도 갈아타면 낫다

감가상각

서부영화에 자주 등장하는 역마차는 철도가 없던 시절에 도시와 도시를 연결해 주던 교통과 통신 수단이다. 우리나라에는 삼국시대부터 역마제도가 있어서 교통과 통신을 담당하였다. 지방에 역을 설치하고 역마가 릴레이식으로 달려 교통과 통신을 담당하도록 한 것이다. 역마제도는 조선시대에 와서 파발擺撥제도로 발달하였다. 구파발이라는 지명은 그곳에 파발이 있었다는 것을 말해준다.

역에서 말을 탈 수 있는 자격을 표시하는 증표가 마패馬牌이다. 공무로 나가는 관원은 마패를 제시하고 마패에 새겨진 수만큼의 말을 사용할 수 있었다. 암행어사에게 지급된 마패는 어사출두 때 역졸이 손에 들고 "암행어사 출두야!"를 외치는 데도 사용되었다.

감가상각

역마가 한 역 구간을 달리고 나면 지친다. 다음 역에서 말을 갈아타야 다시 힘차게 달릴 수 있다. "역말도 갈아타는 것이 낫다"라는 속담이 바로 그 말이다. 역과 역 사이를 달리는 말이 오래 달리면 지치는 것처럼 생산시설도 오래 사용하면 마모된다. 고정자산의 가치가 감소된다. 기업은 생산시설을 설치한 뒤 가동 중에 마모되는 부분을 금액으로 계산하여 그 액수만큼 고정자산에서 공제한다. 이를 감가상각이라고 한다. 감가상각은 비용으로 간주된다. 생산시설이 마모되는 것이 마치 생산과정에서 비용이 들어가는 것과 같기 때문이다.

고정자산의 마모는 가계에서도 발생한다. 기업은 감가상각을 통해 고정자산의 마모를 비용으로 처리할 수 있지만 가계에는 회계시스템이 없어서 비용으로 처리하지 않고 지나치기 쉽다.

가정에서 보유하고 있는 자동차의 유지비는 얼마나 될까? 사람들은 흔히 휘발유 값, 주차비, 보험료, 검사비, 세금 등 실제로 지출하는 돈만을 비용으로 계산한다. 그러나 이들 항목만이 비용인 것은 아니다. 감가상각분도 비용이다. 예를 들어 3천만 원에 구입한 승용차가 5년 후에 1천 2백만 원짜리 중고차가 된다고 하자. 5년 동안에 1천 8백만 원의 가치가 마모되어 모르는 새 비용이 발생한 것이다. 감가상각분이다. 이 감가상각분을 비용에 포함시켜야 정확한 자동차 유지비라고 말 할 수 있다. 현명한 가계라면 매년 감가상각분을 계산해서 적립해 두어야 나중에 새 자동차를 쉽게 구할 수 있다.

대체투자

창업하는 이들이 흔히 범하는 실수는 운전자금을 확보해 두지 않는 것이다. 창업하는 사람은 있는 돈 없는 돈을 긁어모아 사업을 시작한다. 공장을 짓고 직원을 채용하며 원료를 사들이며 준비를 하다가 막상 공장이 가동될 때가 되면 자금이 바닥나기 마련이다. 직원 봉급날이 닥치고, 생산시설이 고장이라도 나면 자금 부족으로 쩔쩔맨다. 이때 필요한 것이 대체투자용 자금이다.

기업이 감가상각 액수만큼 투자해서 생산시설을 처음 수준으로 유지하는 것을 대체투자라고 한다. 대체투자는 마모된 생산시설을 보완하고 생산성을 유지하게 해준다. 이때 효율이 높은 새 기계나 시설로 대체한다면 기업의 생산효율을 높일 수 있다. 첨단산업의 경우 기술진보가 빠르기 때문에 자주 대체투자가 이뤄져야 경쟁대열에서 밀리지 않는다. 한편 기업의 대체투자가 감가상각분을 넘어서서 생산시설을 추가로 확보하는 수준이 되면 이를 순純투자라고 한다. 대체투자는 고정자산을 유지시키고, 순투자는 고정자산을 증가시킨다.

감가상각: 생산활동으로 인한 자본재의 마모분을 고정자산에서 공제하는 것.

대체투자: 생산활동 과정에서 소모된 기존의 생산시설을 보수·대체하는 투자.

석 자 베를 짜도
베틀 벌이기는 일반

고정비용

가게에서 물건을 살 때 값을 너무 깎자고 하면 흔히 듣는 말이 "이 물건이 흙 파주고 얻은 것인 줄 아느냐?"이다. 아무리 하찮은 물건이라도 만드는데 비용이 들어간다. 사실, 흙을 파주고 얻으려 해도 최소한 삽이라는 도구가 필요하다. 상품을 생산하기 위해서는 도구, 노동, 원료가 투입되어야 한다. 이들 요소를 투입하는 데는 비용이 들어가며, 이 비용을 생산비라고 한다.

고정비용과 가변비용

상품을 생산하기 위한 시설과 기계 등의 도구를 자본이라고 한다. "석 자 베를 짜도 베틀 벌이기는 일반"이라는 속담이 있다. 방직공장에서 생산한 광목이 나오기 이전, 옛 어머니들은 베틀을 차려놓고 무명베를 짰다. 속담은 석 자(三尺) 밖에 되지 않는 짧은 베를 짜더라도 베틀이 일단 한 대는 있어야 한다는 것을 말하고 있다. 즉 베틀 설치비는 베를 석 자를 짜든 넉 자를 짜든 한 대만 있으면 되니 비용이 똑같다. 생산량의 많고 적음에 관계없이 일정하게 들어가는 비용을 고정비용이라고 한다. 기업의 고정비용에는 생산시설 설치 자금 조달에 드는 이자, 임원의 급료, 감가상각비 등이 있다. 기업이 생산시설을 확장하지 않는 한 고정비용은 변하지 않는다.

상품 생산의 양에 따라 변하는 비용을 가변비용이라 한다. 가변비용에는 재료비와 임금 등이 있다. 기업이 생산을 증가시키면 처음에는 가변비용이 천천히 증가하지만 계속해서 증가시키면 빠르게 증가한다. 이러한 현상은 수확체감 현상과 관계가 있다.

잠재적 비용

비용에는 명시적 비용과 잠재적 비용이 있다. 명시적 비용은 실제로 지출한 눈에 보이는 비용을 말하며, 임금, 원재료 값, 임대료, 감가상각비, 세금 등이 포함된다. 명시적 비용은 장부에 기록된다고 해서 회계적 비용이라고 한다.

잠재적 비용은 실제로 지불하지 않아서 눈에는 보이지 않으나 내용상으로는 지불한 것이나 마찬가지인 비용이다. 자영업자는 자기의 노동력과 자기자본을 투입하여 경영을 한다. 이때 자기 소유 생산요소를 사용하는 대가를 명시적으로는 받지 않는다. 따라서 다른 용도로 사용하여 수익을 얻을 수 있는 기회를 상실한다는 점에서 비용이다. 기업가 소유의 생산요소 투입에 따르는 보이지 않는 비용을 잠재적 비용이라고 한다. 잠재적 비용은 명시적 비용과 대비하기 위해 사용하는 용어이다. 다른 용어로는 기회비용이다. 기회비용은 어떤 선택으로 인해 포기해야 하는 다른 것의 가치를 말한다.

경제적 비용

잠재적 비용에는 잠재적 임금, 잠재적 이자, 잠재적 지대 등이 있다. 잠재적 임금은 자영업자가 다른 곳에 취업한다면 받을 수 있는 임금이다. 잠재적 이자란 자본을 다른 곳에 투입한다면 받을 수 있는 이자이다. 잠재적 지대는 토지를 다른 사람에게 임대해 준다면 받을 수 있는 지대이다. 명시적 비용에 잠재적 비용을 합한 것을 경제적 비용이라고 한다. 경제학에서 비용이라고 하면 경제적 비용을 말한다.

고정비용: 생산량의 많고 적음에 관계없이 일정하게 들어가는 비용.

가변비용: 생산량의 많고 적음에 따라 변하는 비용.

명시적 비용: 실제로 지출되어 장부에 기록되는 비용, 회계적 비용.

잠재적 비용: 현재의 선택으로 인해 포기한 희생의 가치.

기회비용: 어떤 선택으로 인해 포기해야 하는 다른 것의 가치.

경제적 비용: 명시적 비용에 잠재적 비용을 합한 비용.

목수 많은 집이
기울어진다

수확체감의 법칙

작업은 그 일에 맞는 적절한 수의 도구와 노동력이 있어야 잘 진행된다. "목수 많은 집이 기울어진다"라는 속담은 참견하는 사람이 많으면 일을 그르칠 수 있다는 것을 말해준다. 집을 짓는데 목수가 너무 많으면 서로 방해가 될 수 있고, 의견 충돌이 생겨 작업이 더딜 수 있다.

기업이 상품을 생산할 때 생산시설의 크기에 비해 노동자 수가 너무 많으면 노동의 효율성이 떨어진다. 마찬가지로, 노동자에 비해 기계의 수가 너무 많으면 자본의 효율성이 떨어진다.

한계생산물

앞선 한계효용의 예와 같이 생산이론에도 동일한 원리를 나타내는 용어로 한계생산물이 있다. '노동자를 한 명 더 투입할 때의 생산물 증가분'을 노동의 한계생산물이라고 한다. 기계를 한 대 더 투입할 때의 생산물 증가분은 자본의 한계생산물이다. 상품 생산 과정에 노동자의 수가 많을수록 좋을 것 같지만 항상 그렇지는 않다. 노동의 한계생산물이 노동 투입 증가에 따라 감소하기 때문이다.

기계가 10대 설치되어 있는 어느 공장에서 기계는 그대로 두고 노동자 투입을 증가시켜 간다고 하자. 노동자 수가 그리 많지 않은 초기 단계에서는 노동 투입이 증가할 때 생산량이 빠르게 증가한다. 노동자 수가 많아지면 노는 기계 없이 생산시설 모두를 적절하게 가동시킬 수 있고, 노동자도 교대 근무를 하게 하는 등 근무 조건이 좋아져서 생산 능률이 오른다. 그런데 계속해서 노동자 수를 늘려 투입한다고 하자. 기계의 수는 10대로 일정한데 노동자의 수만 많아지면 기계와 노동자 수의 적절한 비율이 깨진다. 이에 따라 노동자 중에 노는 인력이 생기고, 노동자 사이의 의견 충돌 등 서로 작업에 방해가 되기도 한다. 필요 이상의 노동 투입 증가로 생산성이 떨어지고 노동의 한계생산물이 감소한다.

수확체감의 법칙

생산 시설의 크기는 고정시켜 놓고 노동 투입을 증가시키면 노동의 한계생산물이 감소하는 현상을 한계생산 체감의 법칙, 또는 수확체감의 법칙이라고 한다. 독자 여러분은 한계효용 체감의 법칙을 기억할 것이다. 생산과정에서도 똑같은 원리가 작용하는 것이다. 한계생산물이 감소하는 현상은 자본 투입을 증가시킬 때도 나타난다. 노동자 수를 고정시켜 놓고 기계의 수를 늘리면 자본의 한계생산물이 감소하는 것이다. 기계만 계속 늘리면 설비 중 가동되지 않는 기계가 생기고, 공간 이용에도 효율성이 떨어지기 때문이다.

한계생산 체감 현상은 노동과 자본 두 생산요소의 적절한 투입 비율이 깨질 때 발생한다. 기업이 노동과 자본의 비율을 적절하게 맞추어주는 것이 필요하다는 얘기다. 기업이 노동과 자본의 투입 비율을 맞추는 원리를 생산자최적이라 한다. '월천꾼에 난쟁이 빠듯'에서 다시 설명한다.

지금까지 경제이론에서 중요한 역할을 하는 네 개의 '한계' 개념을 설명했다. '듣기 좋은 노래도 석 자리 반이다'에서 한계효용을, '한식에 죽으나 청명에 죽으나'에서는 한계비용과 한계수입을 설명했다. 이 장에서는 한계생산물에 대해 설명했다. 이 용어들을 보면 '한계'라는 말이 들어가면 무엇인가가 '추가'된다는 공통점을 가지고 있다. '한계'라는 용어는 소비이론, 생산이론, 시장이론에서 핵심 역할을 하는 단어이니 잘 이해하기 바란다.

한계생산물: 생산요소를 한 단위 더 투입할 때의 생산물 증가분.

노동의 한계생산물: 노동자를 한 명 더 투입할 때의 생산물 증가분.

자본의 한계생산물: 기계를 한 대 더 투입할 때의 생산물 증가분.

수확체감의 법칙: 요소 투입을 증가시킬 때 그 한계생산물이 체감하는 현상.

고기 보고 부럽거든 가서 그물을 떠라

우회생산

자식에게 돈 줄 생각 말고 글을 가르치라는 말이 있고, "고기 보고 부럽거든 가서 그물을 떠라"라는 속담도 있다. 거미는 벌레를 잡기 위해 먼저 거미줄을 치고, 어부는 고기를 잡기 위해 그물을 뜬다. 거미줄과 그물은 자본이 되어 생산 효율성을 증대시킨다.

생산수단

마르크스(K. Marx)는 인류 역사가 원시공산사회로부터 출발하여 고대노예사회, 봉건제 농노사회, 자본주의사회로 발전해 왔으며, 마지막으로 공산주의사회에 진입한다고 주장했다. 마르크스는 사회가 생산수단을 어떤 형태로 소유하는가를 기준으로 역사 발전 단계를 구분했다. 원시공산사회에서는 구성원이 공동으로 생산수단을 소유했다. 고대노예사회에서는 노예가 주요 생산수단이었으며, 이를 지주와 왕이 소유했다. 봉건제 농노사회에서는 농노가 주요 생산수단이었으며, 이를 봉건영주가 소유했다. 자본주의사회에서는 자본가가 생산수단을 소유하고, 공산주의사회에서는 국가가 소유한다. 마르크스 구분의 핵심인 생산수단은 자본이다.

우회생산

독일의 경제학자 로셔(W. Roscher)도 경제발전 단계를 설명하면서 자본의 중요성을 강조했다. 그는 경제발전은 자연 지배적 단계, 노동 지배적 단계, 자본 지배적 단계를 거치며, 이 중 자본 지배적 단계에서 생산의 효율성이 가장 크게 나타났다고 설명했다. 로셔의 설명은 다음과 같다. "맨손으로 하루에 고기 세 마리를 잡는 어부가 있다. 어부가 세 마리 모두를 그날의 식량으로 쓰지 않고 일부를 남겨서 이튿날의 식량으로 충당한다고 하자. 이튿날 어부는 노동 일부를 그물이나 배를 만드는 데 할당할 수 있다. 다음 날부터 어부는 그물과 배를 사용함으로써 하루 30마리의 고기를 잡을 수 있다."

로셔의 어부는 저축을 통해 자본을 축적하고, 그 자본을 이용하여 생산함으로써 효율을 증대시킨다. 로셔가 말한 자본을 이용한 생산은 우회생산을 뜻한다. 생산수단을 먼저 만든 다음에 그 수단을 이용하여 상품을 만드는 생산 방식을 우회생산이라고 한다. 오늘날 대부분의 상품은 기계, 공장설비 등의 생산수단을 먼저 생산한 후, 그

것을 이용하여 최종 상품으로 생산된 것이다. 기업이 생산수단을 먼저 생산하고, 그 생산수단을 이용하여 상품을 생산하는 것이 마치 우회하는 것처럼 보인다고 해서 우회생산이라고 한다.

우회생산의 이익

기업이 자본을 사용하는 이유는 자본생산성이 노동생산성보다 커서 이윤을 더 많이 창출하기 때문이다. 우회생산은 생산의 효율성을 높여 대량생산을 가능하게 한다. 기업이 생산에 앞서 '그물'부터 만드는 이유이다. 우회생산을 통해 얻어지는 이익을 우회생산의 이익이라고 한다. 택시를 타고 목적지로 가는 코스를 정할 때 택시 기사가 흔히 하는 말이 "손님, 약간 돌아가더라도 신호등 없는 길을 논스톱으로 달리는 게 훨씬 빠르고 요금도 적게 나옵니다!"이다. '우회생산이 더 효율적'이라는 말이다. 우회생산 하면 떠오르는 것이 포드시스템이다. 포드도 처음에는 다른 자동차회사와 비슷한 공정을 거쳐 1년 동안에 약 1만 대 정도의 자동차를 생산했으나, 컨베이어 벨트를 이용한 조립라인 방식을 도입한 덕분에 연 100만 대 이상 생산하게 되었다. 이 컨베이어 벨트 시스템은 창안자의 이름을 따서 포드시스템이라고 한다.

우회생산: 생산수단을 먼저 만들고 그 수단을 이용해 재화를 생산하는 방식.

우회생산의 이익: 생산수단을 이용하여 생산하는 것이 더 효율적인 경우.

보기 좋은 떡이 맛도 좋다

디자인

바르셀로나 곳곳에는 성가족 성당 등 가우디의 작품이 자리 잡고 있다. 바르셀로나를 방문한 사람들은 순례하듯이 가우디의 건축물을 찾아다닌다. 그런데 바르셀로나에 가우디의 명성에 가려져 있지만, 흙에 묻힌 진주처럼 아름답고 의미 있는 명소가 한 군데 더 있다. 산파우(Sant Pau) 병원이 그것이다. 산파우 병원을 건축한 몬타네르(D. Montaner)는 '예술에는 사람을 치유하는 힘이 있다'는 신념으로 병원을 지었다. 병원은 마치 수녀원처럼 아름답다. 건물 자체가 예술품인 병원을 보면 질병이 저절로 치료될 듯싶다. 요즈음 힐링이라는 말이 유행이다. 몬타네르는 힐링 건축의 선구자이다.

디자인은 생산이다

파리의 세계적인 명물인 에펠탑의 경제 가치가 약 616조 원이라는 분석이 나왔다. 이탈리아 한 상공회의소가 유럽 내 주요 기념물과 유적의 경제 가치를 평가한 결과이다. 2012년 당시 삼성전자의 브랜드 가치가 약 43조 원, 애플의 브랜드 가치가 약 80조 원인 것을 생각하면 철강 구조물이 하나 달랑 서 있는 에펠탑의 경제 가치가 얼마나 큰가를 짐작할 수 있다. 건립 당시에는 시민들이 파리의 흉물이 될 것이라고 반대했던 에펠탑이다. 하지만 오늘날 에펠탑은 단순하면서 아름다운 디자인을 통해 파리의 상징이자 최고의 경제 가치를 가진 상품이다.

네덜란드 암스테르담에서는 경찰 순찰차의 디자인을 바꾼 다음 시민의 반응을 조사해 보았다. 대부분의 시민은 경찰차가 늘어나고, 순찰 횟수가 많아졌다고 응답했다. 차의 디자인만 바꿨는데 시민들은 경찰차가 늘고, 순찰 횟수도 늘었다고 느낀 것이다. 디자인이 경찰차와 순찰 횟수를 생산한 셈이다.

디자인은 생산이다. 우리 조상은 일찍이 디자인의 중요성을 알았던 모양이다. 그래서 "보기 좋은 떡이 맛도 좋다"라고 했다. 속담의 '보기 좋은'이라는 말은 디자인이 좋다는 말이 아니겠는가! '이왕이면 다홍치마'라는 속담도 디자인의 중요성을 말하고 있다.

깨진 유리창이론

지하철의 깨진 유리창을 방치하는 것은 법질서의 부재를 반증하고, 잠재적 범법자를 부추기는 결과를 낳을 수 있다. 예를 들어 동네 어느 빈 집의 깨진 유리창이 방치되고 있다고 하자. 사람들은 그래도 되는가보다 생각하게 되고, 그 이웃집의 유리창이 또 깨지는 등 그 동네의 생활환경이 점점 더 거칠어진다. 사람이 많이 다니는 골목 구석에 한 사람이 휴지를 버리면 그 다음 사람이 연속해서 휴지를 버리면서 그 곳이 쓰레기통이 되어버리는 것과 같다. 결국 깨진 유리창이 늘어나면서 동네가 슬럼으로 전락하고 범죄의 온상이 될 수 있다. 깨진 유리창은 절대 방치하지 말아야 한다.

이 글은 제임스 윌슨(J. Wilson)과 조지 켈링(G. Kelling)이 발표한 '깨진 유리창이론'의 요약이다. 1994년 뉴욕 시장으로 취임한 줄리아니는 이 이론을 범죄예방 정책에 응용했다. 치안요원을 동원하여 지하철 등 공공 시설물의 낙서를 제거하고, 무임승차를 단속한 것이다. 얼마 안 되어 우범지대의 치안이 회복되고 강력범죄 발생률이 감소하기 시작했다. 이 프로젝트가 완료된 시점에서는 강력범죄 발생 건수가 75%나 감소했다. 좋은 디자인은 질병을 치료하고, 가치를 생산하며 범죄를 막는다. 21세기가 디자인 시대라는 말은 과장이 아니다.

생산

'생산' 하면 우리는 흔히 쌀농사, 자동차 제조 등을 떠올린다. 물론 농사와 자동차 제조는 전형적인 생산이다. 하지만 이것만이 생산인 것은 아니다. 채취, 사육, 재배, 변형, 저장, 수송, 교환, 진료, 강의, 음악 연주 등 인간의 편익을 증가시키는 모든 행위가 생산이다. 예를 들어 바자회를 보면 교환도 생산이라는 것을 쉽게 이해할 수 있다. 바자회는 쓸모없어서 집에 뒹굴고 있는 물건을 교환하게 함으로써 서로의 편익을 더해준다. 야구 시즌이 끝난 겨울 스토브 리그(stove league) 기간에 주로 이뤄지는 선수 트레이드는 보내는 선수보다 데려오는 선수가 자기 구단에 도움이 된다고 판단할 때 성사된다. 트레이드가 구단의 편익을 증가시키니 생산이다. 석빙고를 보면 저장 또한 생산이라는 것을 알 수 있다. 추운 겨울에 흔한 얼음을 채취하여 석빙고에 저장했다가 여름에 꺼내서 사용하면 매우 유용한 얼음이 된다.

깨진 유리창이론: 깨진 유리창을 방치하면 동네가 슬럼화 되는 현상.

생산: 제조, 디자인, 채취, 사육, 재배, 변형, 저장, 수송, 교환, 진료, 강의, 음악 연주 등 인간의 편익을 증가시키는 모든 행위.

월천꾼에 난쟁이 빼듯

생산자최적

우리 속담에 "월천꾼에 난쟁이 빼듯"이라는 말이 있다. 월천越川꾼은 사람을 업어서 냇물을 건네(越)주는 일을 직업으로 하는 사람이다. 월천꾼은 업힌 사람이 물에 젖지 않도록 조심해야 한다. 난쟁이는 키가 작아서 월천꾼 일에 적당하지 않다. 경제 용어로 말하면 난쟁이는 월천 일에 생산성이 없다. 월천꾼에서 난쟁이는 빼야 한다. 어느 공장에 작동하지 않는 기계나 생산성이 없는 노동자가 있다면 빼내야 한다.

요소 투입 효율화: 생산자최적

기업은 최소비용으로 최대의 효과를 거두려 한다. 노동과 자본을 생산과정에 투입할 때도 각 생산요소의 생산성을 고려하여 투입량을 결정한다. 생산성이 높은 요소는 많이 투입하고, 생산성이 낮은 요소는 적게 투입한다. 그러나 어느 요소의 생산성이 좋다고 해서 그 요소만 계속해서 투입을 증가시키지 않는다. 요소의 투입에는 비용이 따르기 때문이다. 어느 요소의 생산성이 좋다고 해도 비용이 너무 비싸게 든다면 많이 투입할 수 없다. 더구나 어느 요소든 투입 증가에 따라 그 요소의 한계생산이 체감한다. 한계생산 체감의 법칙이 작용하는 것이다. 따라서 생산요소를 투입할 때는 두 가지 사항, 즉 그 요소의 생산성과 조달 비용을 고려해서 투입량을 결정한다.

요소 투입의 효율화는 다음 조건이 달성될때 이뤄진다.

$$\frac{\text{노동의 한계생산물}}{\text{노동 조달비용}} = \frac{\text{자본의 한계생산물}}{\text{자본 조달비용}}$$

위 식의 왼쪽 항은 노동비용 1원어치의 한계생산물을 나타내고, 오른쪽 항은 자본비용 1원어치의 한계생산물을 나타낸다. 효율적 생산은 양변의 값이 같을 때 이뤄진다. 노동임금 1원어치의 한계생산물과 자본이자 1원어치의 한계생산물이 균등하도록 노동과 자본을 투입해야 한다는 뜻이다. 이 조건이 달성되는 상태를 생산자최적 또는 가중된 한계생산 균등의 법칙이라고 한다. 생산자최적 논리는 '빽덕어멈 엿 값이 서른 냥'에서 설명한 소비자균형 논리와 이론 구조가 똑같다.

다음은 어느 기업의 간부회의 광경이다.

기술부장 : 기계의 생산성이 좋으니 기계를 늘립시다.

인사부장 : 인건비가 싸니 노동 투입을 늘립시다.

대화를 듣고 있던 이 책의 독자가 말한다.

"기계와 노동 1원어치의 생산성을 비교해서 결정하세요."

간부회의를 보고 있던 독자는 용어는 사용하지 않았지만 생산자최적을 말하고 있다. 빵덕어멈이라면 아마 "기계를 늘리세요. 돌려놓고 우리는 놀 수 있잖아요?" 하고 말했을 것이다.

비용극소화=생산량극대화

생산자최적의 조건이 충족되면 동일한 양을 생산하더라도 최소비용으로 생산하거나, 동일한 비용으로 생산하더라도 최대의 생산량을 거둔다. 전자의 경우를 비용극소화라 하고, 후자의 경우를 생산량극대화라고 한다. 비용극소화와 생산량극대화는 생산자최적이라는 동전의 양면과 같다.

생산자최적: 요소의 가격과 생산성이 균형을 이룬 생산 상태.

생산량극대화: 같은 비용을 투입하더라도 최대의 생산량을 거두는 것.

비용극소화: 같은 양을 생산하더라도 최소의 비용으로 생산하는 것.

한 냥 장설에 고추장이
아홉 돈

비효율적
자원 이용

우리 속담에 "한 냥 장설에 고추장이 아홉 돈"이라는 말이 있다. 잔치 때 나오는 음식상을 장설이라고 한다. 속담은 한 냥 어치 잔칫상을 차리면서 고추장에 아홉 돈이나 썼다고 말한다. 10만 원어치 상을 차리는데 고추장 값으로 9만 원이 들어갔다는 이야기이니 한 가지 재료에 터무니없이 많은 돈을 지출하는 비합리성을 꼬집어 말하는 속담이다. 이 잔칫집이나 엿 값으로 서른 냥을 쓴 뺑덕어멈 집이나 오십 보 백 보다. 말하자면 생산자최적을 달성하지 못한 것이다.

비효율적 자원 이용

앞 장에서 설명했듯이 효율적 생산은 노동 조달비용의 한계생산물과 자본 조달비용의 한계생산물이 같아질 때 이뤄진다. 이 장에서는 비효율적 자원 이용에 대해 알아본다.

어느 기업의 생산 상황이 다음과 같다고 하자.

$$\frac{\text{노동의 한계생산물}}{\text{노동 조달비용}} > \frac{\text{자본의 한계생산물}}{\text{자본 조달비용}}$$

이 식을 보면 노동의 한계생산물을 노동 조달비용으로 나눈 값이 자본의 한계생산물을 자본 조달비용으로 나눈 값보다 크다. 즉 노동비용 1원어치의 한계생산물이 자본비용 1원어치의 한계생산물보다 크다. 비용을 고려할 때 노동생산성이 자본생산성보다 크다는 것을 나타낸다. 바꾸어 말하면 노동에 비해 자본이 상대적으로 과다 투입되고 있다는 뜻이다. 생산의 비효율 상황이고, 이는 자원이 비효율적으로 이용되고 있음을 나타낸다. 이 경우 노동 투입을 증가시키고 대신 자본 투입을 감소시키는 것이 효율적 생산에 이르는 길이다.

식의 오른쪽 항이 크다면 노동임금 1원어치의 한계생산물이 자본이자 1원어치의 한계생산물보다 작다는 것을 말해준다. 이 또한 자원의 비효율적 이용 상황이다. 이 경우에는 노동 투입을 감소시키고 대신 자본 투입을 증가시키는 것이 효율적 생산에 이르는 길이다.

대포를 녹여 보습을

기업이 생산자최적을 달성하지 못하면 생산요소가 효율적으로 이용되지 못한다. 국가가 생산자최적을 달성하지 못하면 나라 전체의 부존자원이 비효율적으로 이용된다. 군비 과다 지출이 그러한 경우이다. 군비 확장 경쟁 속에 군사부문 지출이 뻥덕어멈 엿 값처럼 기형적으로 증가하는 것이다. 오늘날 세계 각 곳의 분쟁 뒤에는 전쟁상인이 있다는 의혹을 받고 있다. 전쟁 당사자는 이루 말할 수 없는 고통을 받는 반면, 무기를 생산하여 원조라는 이름하에 팔아먹는 전쟁상인은 돈방석에 앉는 것이 전쟁이 가지는 비극이다. 인류는 이러한 바보 게임을 하면서 많은 복지를 희생한다.

세계 군사비 지출을 단 5%만 감소시키면 2억 명의 영양실조 어린이에게 단백질을 공급하고 1억 명의 어린이를 수용할 수 있는 초등학교를 증설할 수 있다. 한반도에서 남북 양쪽이 효과적인 군비축소를 해 나간다면 한반도 평화정착과 함께 자원의 효율적인 이용으로 경제발전에 큰 도움이 될 수 있을 것이다.

대포를 녹여 보습을!

생산의 비효율: 생산요소 비용과 생산성이 균형을 이루지 못하는 상황.

도랑 치고 가재 잡는다

범위의 경제

이 세상에 듣기 좋은 소리가 세 가지 있으니, 아기 젖 먹는 소리와 아이들 글 읽는 소리, 그리고 자기 논에 물 들어가는 소리라고 한다. 논농사에는 물이 매우 중요하다. 농부는 샘을 파거나 도랑을 만들어서 논에 물을 끌어들이고, 농사철 내내 도랑과 물꼬를 손본다. 도랑을 치다 보면 돌 밑에 살던 가재를 잡는 부수입도 올릴 수 있다. 그게 바로 "도랑 치고 가재 잡는다"라는 속담이다. 먹을 것이 풍족하지 않던 시절에 도랑을 치다가 가재를 잡으면 퍽 좋아했을 것이다.

결합생산

바이올리니스트의 소원은 스트라디바리우스로 연주하는 것이다. 스트라디바리우스는 이탈리아의 명장 안토니오 스트라디바리가 300년 전에 제작한 현악기를 말한다. 스트라디바리는 바이올린과 함께 비올라와 첼로도 만들었다. 각각의 악기를 제작하는 데 가장 적합한 목재에 장인의 기술을 쏟아 부어 세 종류의 현악기를 만든 것이다. 덕분에 바이올리니스트는 물론이고 비올리스트와 첼리스트에게도 명품 연주 기회를 선사하고 있다.

도랑 치면서 가재를 잡듯이, 기업은 주력 상품을 생산하면서 관련이 있는 다른 상품을 동시에 생산하기도 한다. 제화회사는 구두와 함께 핸드백이나 지갑도 생산한다. 가죽의 어떤 부분은 구두를, 다른 어떤 부분은 핸드백을 만들고 나머지는 지갑 등을 만들면 재료를 효율적으로 이용할 수 있다. 두부공장에서는 두부를 만들고 남은 비지로 돼지를 키운다. 기업이 동일한 생산시설과 생산요소를 가지고 두 가지 이상의 상품을 생산하는 것을 결합생산이라고 한다.

우체국의 결합생산

오늘날 우체국은 결합생산으로 바쁘다. 원래 우체국의 고유 기능은 우편 업무이지만 택배, 예금, 지역특산물 판매로 더 바쁘다. 면 단위까지 들어가 있는 우체국을 이용하여 다양한 서비스를 생산하고 있는 것이다. 특히 우체국 택배는 기업 택배에 뒤지지 않는 서비스를 제공하고 있으며 예금은 안전성으로 각광을 받고 있다. 애경사에 경조금을 전달해주는 서비스는 고맙기 그지없는 심부름이다. 각 지역 특산물을 비교적 싼값에 판매하는 우체국 쇼핑은 편리하고 신용이 있다. 판매 서비스는 특산물뿐만 아니라 제철 식품 및 꽃 배달도 포함된다. 이들 서비스 대부분은 별도의 비용을 들이지 않고 기존의 조직과 인원을 이용해 제공되고 있다. 물론 우편 이외의 사업 분야가 확장되면서 조직이 다소 커지기는 했지만 사업 확장만큼 커진 것은 아니다.

범위의 경제

결합생산은 '범위의 경제'를 가져다준다. 여러 기업이 각각 한 종류의 상품을 따로 생산하는 것보다 한 기업이 여러 종류의 상품을 동시에 생산하는 것이 효율적인 것이다. 장사가 잘 되는 국밥집을 가보면 대개 정육점도 겸한다. 그 집의 고기는 좋다고 정평이 나 있고 국밥도 푸짐하다. 이 집에서 고기를 팔 때는 좋은 부위만 떼어 팔아 신용을 얻는다. 나머지 고기나 뼈는 국밥에 푸짐하게 넣어 인심을 쓴다. 고기 사러 온 손님에게는 고기가 좋고, 국밥 먹으러 온 손님에게는 국밥이 푸짐하게 나오니 장사가 잘 될 수밖에 없다. 이것이 바로 범위의 경제다. 우리 조상은 결합생산을 나타내는 속담 여럿을 후세에 전하고 있다. '밥 위에 떡 찌기', '떡 삶은 물로 풀 한다.', '마당 쓸고 돈 줍고' 등이 그것이다.

결합생산: 동일한 생산 시설로 두 가지 이상의 상품을 생산하는 일.

범위의 경제: 두 종류의 상품을 동시에 생산하는 것이 유리한 생산 관계.

소리개도 오래면 꿩을 잡는다

전문화, 기술진보

꿩 사냥은 주로 매가 한다. 그래서 꿩 잡는 것이 매라는 속담이 있을 정도이다. 솔개라고도 부르는 소리개는 주로 병아리나 쥐, 개구리 등 작은 동물을 잡아먹고 산다. 소리개는 매에 비해 힘과 사냥 기술이 뒤떨어진다. 그러나 속담은 "소리개도 오래면 꿩을 잡는다"라고 말한다. 오랜 동안 연습을 하면 소리개도 꿩을 사냥할 수 있다는 것이다. 특별한 재주가 없는 사람일지라도 한 가지 일을 오래 지속하면 잘할 수 있게 된다.

비슷한 속담으로 '서당 개 삼년이면 풍월을 읊는다'와 '독서당 개가 맹자 왈 한다'가 있다. 부단히 노력하고 연습하면 어려운 일도 이룰 수 있다는 세상 이치를 가르치는 속담이리라.

프로의 시대

현대는 전문화, 즉 프로페셔널(professional)의 시대이다. 프로페셔널은 보통 프로라고 말하며, 어떤 일을 전문으로 하거나 일에 대한 지식과 기술을 가진 사람을 말한다. 프로 하면 떠오르는 것은 프로야구나 프로축구 선수이다. 교수를 프로페서(professor)라고 부르는 것은 그 분야 학문에 전문가라는 뜻이다. 옛날에는 교수가 대표적인 전문가 집단이었기 때문에 교수에게만 프로페서라는 말을 붙여주었다. 요즈음에는 각 분야마다 전문가가 있다. 모두가 프로페서이다.

피터 드러커(Peter Drucker)는 지식 근로자가 사회와 기업의 중심이라고 주장했다. 기업이 경쟁력에서 우위를 보이려면 지식 근로자가 생산성을 향상시켜야 하고, 근로자가 생산성을 향상시키기 위해서는 자기 계발이 필요하다고 했다. 피터 드러커는 자기 계발 여부가 단순 노동자와 지식 근로자의 차이라고 생각했다. 자기 계발은 전문화로 이어지며, 전문화는 사회적 분업과 밀접한 관계가 있다. 사회적 분업은 남녀 간의 분업, 지역적 분업 등 생산 부문을 한 집단이나 지역이 전담하는 방식을 말한다. 사회적 분업이 잘 이뤄지는 것이 전문화이다. 전문화는 각자의 기능을 최대한으로 발휘할 수 있게 해주어 생산능률을 향상시킨다.

기술진보

"천만 재산이 서투른 기술보다 못하다"라는 속담이 있다. 현대의 생산관계에서는 기술이라는 생산요소가 매우 중요하다. 그리고 기술은 진보해야 생명력을 가진다. 기술진보 없이 똑같은 생산방식만 고집한다면 그 기업은 도태될 수밖에 없다. 기술진보는 내부의 R&D 활동과 함께 지식의 축적과 축적된 지식의 실용화 과정에서 이루어진다. 기술진보가 일어나면 동일한 노동과 자본을 투입하더라도 더 많은 양이 생산되거나, 동일한 양의 생산에 필요한 요소 투입량이 절약된다.

기술진보는 새로운 기계와 함께 들어오거나, 새로운 훈련을 받은 노동자와 함께 들어온다. 새로운 기계는 대개 새로운 기술을 장착하고 있다. 새로운 노동력은 선진화된 기술을 습득한 후 투입되므로 기존의 노동력보다 더 높은 생산성을 발휘한다. 노동자를 양성하는 기술계 고등학교나 대학은 새로운 기술의 전수장이다.

기술진보는 투입요소 집약도의 변화에 따라 노동절약적 기술진보와 자본절약적 기술진보가 있다. 노동절약적 기술진보는 기술진보로 노동 투입이 절약되는 진보를 말하고 자본절약적 기술진보는 기술진보로 자본 투입이 절약되는 진보를 말한다. 단, 노동절약적 기술진보는 고용의 감소를 불러올 수 있다.

전문화: 사회적 분업이 효율화 하는 현상.

노동절약적 기술진보: 기술진보로 노동투입이 절약되는 현상.

자본절약적 기술진보: 기술진보로 자본투입이 절약되는 현상.

4

기업과 시장_

장사꾼은 오 리 보고 십 리 간다

장사꾼은 오 리 보고 십 리 간다: **이윤극대화**, 홀아비 농사에 씨앗각시 품삯도 못 한다: **자본잠식**, 깊은 물이 조용하다: **완전경쟁시장**, 얕은 물이 요란하다: **불완전경쟁시장**, 청기와 장수: **독점**, 망하는 집 머슴 배부르고 흥하는 집 머슴 배곯는다: **X-비효율성**, 한 냥 빌린 놈은 오그리고 자는데 백 냥 빌린 놈은 펴고 잔다: **차입경영과 대마불사**

장사꾼은 오 리 보고 십 리 간다

이윤극대화

우리 속담에 "장사꾼은 오 리 보고 십 리 간다"라는 말이 있다. 오 리의 '리'는 비율을 나타내는 할割, 푼分, 리厘, 모毛 중의 리이다. 1리의 크기는 1/1,000, 즉 0.1%이므로 오 리는 0.5%에 해당한다. 한편, 십 리의 '리里'는 길이를 나타내는 말이다. 십 리는 오늘날 4km에 해당한다.

속담의 주인공인 장사꾼은 오 리(0.5%) 밖에 안 되는 작은 이익을 얻기 위해 십 리(4km)를 걸어가는 수고를 한다. 이 속담은 발음은 같으나 뜻이 다른 '리'를 대비해서 장사꾼이 이윤을 얻기 위해 애쓰는 모습을 재치 있게 나타내고 있다. 즉 장사꾼이 5의 이익을 얻기 위해 곱절인 10의 노력을 기울이는 느낌이 들도록 설계되어 있다. 장사꾼은 이익을 얻기 위해 행동한다는 것을 강조하는 속담이다.

이윤극대화

경제학에서는 기업이 이윤을 목표로 행동한다고 설명한다. 이를 이윤극대화 가설이라고 한다. 2,300년 전 중국 전국시대 사상가인 한비는 "수레를 만드는 사람은 남이 부귀해지기를 바라고, 관을 만드는 사람은 남이 일찍 죽기를 바란다. 수레 만드는 사람이 어질어서가 아니라 부귀한 사람이 많이 생기면 수레를 많이 팔 수 있어서이고, 관을 만드는 사람이 악해서가 아니라 사람이 죽으면 관을 많이 팔 수 있어서이다."[4]라고 말했다. 이보다 이윤극대화 행동을 잘 설명할 수가 있을까.

어떤 학설에 '가설'이라는 말이 들어가면 그 설명이 임시로 세운 이론이라는 것을 말한다. 즉 기업 행동 목표가 무엇인지에 대한 완전한 설명은 아니다. 기업 목표에 대한 설명은 이윤극대화 가설 외에도 몇 가지가 더 있다. 조선시대의 거상 임상옥은 사람을 남기기 위해 장사를 한다고 했고, 유한양행의 창업자 유일한 박사는 기업을 통해서 사회에 봉사하고자 했다. 반면에 1997년 이전까지 우리나라의 대부분 기업은 외형 키우기를 통한 매출액극대화에 열중했다. 외환위기 이전 필자가 경제학을 강의하는 동안 '기업의 목표가 이윤극대화'라고 설명할 때는 항상 마음이 켕겼다. 마음속으로는 '사실 우리나라 기업은 매상고극대화 행동을 하고 있는데……' 하고 생각했던 것이다. 1997년에 외환위기를 거친 뒤에야 한국의 기업들은 매상고극대화에서 벗어나 이윤극대화에 눈을 돌렸다.

기업의 사회적 가치 창출

한편 기업의 지나친 이윤극대화 행동은 소득불평등의 심화, 사회의 천민자본주의화 등 또 다른 폐단을 낳고 있다. 지나친 이윤 추구의 폐단을 걱정하는 사람들은 기업이 사회적 가치를 고려하는 경영을 해야 한다고 주장하고 있으며, 더 나아가 기업의 목표가 공유가치 창출이어야 한다는 주장도 나오고 있다. 공유가치란 기업의 이익과 공공의 이익을 결부시킨 가치를 말한다.

프로 보노 운동도 기업의 사회적 가치를 중시하는 운동이다. 프로 보노는 프로 보노 퍼블리코(pro bono publico)의 약칭으로 기업이 전문지식과 기술을 나누어 사회봉사를 하는 일을 말한다. 프로 보노 퍼블리코의 원뜻은 '공익을 위하여'이다. 기업이 자금력과 전문성을 동원하여 사회적 약자 돕기에 나선 것이다. 이러한 활동은 해당 기업의 사회적 이미지를 제고시키기 때문에 결과적으로 기업가치 극대화에도 도움이 된다.

이윤극대: 이윤을 극대화시키려는 기업의 전략.

기업가치 극대화: 사회적 가치 및 미래가치를 극대화하려는 기업의 행동.

프로 보노 운동: 사회 약자에게 무보수로 전문 지식과 기술을 제공하는 일.

홀아비 농사에 씨앗각시 품값도 못 한다

자본잠식

옛날 우리 농촌에서는 씨앗을 뿌릴 때 아낙네가 아기를 기르는 것처럼 정성들여 뿌려야 싹이 잘 튼다고 생각했다. 파종철이 되면 씨앗은 아이를 많이 낳은 아낙네가 씨앗을 뿌렸다. 만약 집안에 아이 낳은 아낙네가 없으면 품을 사서 씨앗을 뿌렸다. 품꾼 아낙네를 씨앗각시라고 부른다.[5] 홀아비는 씨앗각시를 사서 씨를 뿌렸다. 만약 흉년이 크게 들면 소출이 적어서 품삯 건지기도 어려웠다. "홀아비 농사에 씨앗각시 품값도 못 한다"라는 기발한 속담이 나온 배경이다.

열 냥짜리 굿하다가

'열 냥짜리 굿하다가 백 냥짜리 징 깬다'라는 속담이 있다. 속담에 나오는 징은 크고 둥근 놋쇠 판에 끈을 달아 사용하는 악기이다. 징은 음색이 웅장하면서도 부드럽고 여운이 길어 굿에 빠지지 않는다. 속담은 열 냥을 벌기 위해 굿을 하다가 백 냥짜리 징을 깨뜨리게 되었다고 이야기 한다. 열 냥 벌고자 백 냥짜리 징을 깨뜨렸으니 90냥을 손해 본 것이다. 징은 굿을 해주는 사람에게 자본이다. 손실이 누적되면 자본을 까먹을 수 있다.

중국에서 전국시대가 끝나갈 즈음에 전국칠웅 중 진나라가 강국으로 부상했다. 제, 연, 초, 한, 위, 조 6국이 합종책으로 진나라에 대항했다. 진시황은 연횡책을 써서 6국을 한 나라 씩 격파하였다. 이 모습을 사마천은 '누에가 뽕잎을 조금씩 먹어 들어가는 것처럼' 시황이 한 나라씩 멸망시켜 천하를 차지했다고 썼다. 누에가 뽕잎 먹는 모습의 한자말이 잠식蠶食이다. 알지 못하는 사이에 침입하거나 이익을 차지하는 것을 잠식이라고 한다.

손실이 자본을 잠식하다

세계적인 브랜드가 활개를 치는 국내 커피시장에서 젊은이에게 인기를 끌었던 토종자본 카페베네의 재무구조가 자본잠식資本蠶食에 이르렀다는 보도가 커피 애호가들을 깜짝 놀라게 했다.

2017년 현재 우리나라 60대 계열사 2,000여 기업 중 162개 기업이 자본잠식 상태로, 그 비율이 무려 8%에 달한다. 그 중에 대기업 한국GM도 포함되었다. 자동차를 생산하는 한국GM은 2017년에만

9,000억 원에 달하는 적자를 기록하는 등 2014년 이후 4년간의 누적 적자가 3조 원에 달하면서 자본이 잠식되었다. 자체 직원은 물론 부품회사 등 연관 회사에 직간접으로 고용된 직원이 많은 한국GM이 문을 닫으면 수많은 일자리가 없어지는 등 국내 산업에 끼치는 영향이 막대하다. 놀란 정부와 금융계가 나서서 회사를 소생시키려는 노력을 경주하였지만 결국 군산공장은 문을 닫고 말았다.

자본잠식

기업의 자본은 납입자본금과 내부유보된 잉여금으로 구성된다(자본=납입자본금+잉여금). 기업의 적자가 계속 발생하여 결손금이 누적되면 쌓아두었던 잉여금으로 결손을 메운다. 이후로도 적자가 발생하여 잉여금이 바닥나면 납입자본금을 갉아먹기 시작한다. 잠식이 시작된다. 기업의 적자폭이 커져서 잉여금이 바닥나고 납입자본금까지 갉아먹기 시작한 상태를 자본잠식이라고 한다. 누에가 뽕잎을 갉아먹듯 자본금을 갉아먹어버린 것이다.

특히 적자가 대폭 발생하여 잉여금과 함께 납입자본금을 완전히 잠식해버리는 것을 완전자본잠식이라고 한다. 자본이 모두 바닥나서 자본 총계가 마이너스로 되는 상태이다.

자본잠식: 적자 누적으로 자본이 잠식된 상태.

완전자본잠식: 적자 누적으로 자본이 완전히 잠식된 상태.

깊은 물이 조용하다

완전경쟁시장

어느 날 요堯임금이 나라가 잘 다스려지는지 알고 싶어서 거리에 나섰다. 한 노인이 길가에 앉아 노래를 부르고 있었다.

> 해가 뜨면 일하고 해가 지면 쉬네.
> 밭 갈아서 먹고 우물 파서 물마시니
> 임금의 힘이 내게 무슨 필요 있으랴.

이 노래를 들은 요임금은 섭섭할 법도 했지만 "과연 태평세월이로고!" 하며 크게 만족했다고 한다. 이 노래는 배를 두드리고 땅을 치며 노래 불렀다고 해서 격양가라고 불린다. 임금이 정치를 완벽하게 하니까 백성들은 오히려 정치나 임금의 존재를 느끼지 못한 것이다.

요란한 시장, 조용한 시장

"깊은 물이 조용하다"는 속담이 있다. 그렇다. 깊은 강물은 조용히 흐르고, 잘 된 정치는 있는지 없는지조차 모를 정도로 조용한 법이다. 시장도 마찬가지이다. 경쟁이 잘 되는 시장은 조용하다.

필자는 강의 중 화장품시장과 참깨시장 중 어느 쪽이 더 경쟁적인지 물으면, 대부분의 학생들 "화장품시장입니다!"라고 답한다. 학생들은 아마 인기 있는 탤런트가 등장하는 화장품 광고를 떠올리며 그렇게 대답했을 것이지만 그렇지 않다. 참깨시장이 더 경쟁적이다.

정치가 잘 되면 임금이 있는지 없는지 티가 나지 않듯이, 경쟁이 완전하면 경쟁이 있는지 없는지 티가 나지 않는다. 사람들은 경쟁이 있는지조차 모른다. 그러한 시장에는 광고도 없다. 광고가 요란하다는 것은 그 시장이 경쟁적이지 않다는 것을 말해준다. 독자 여러분은 참깨 광고를 본 적이 있는가? 아마 없을 것이다. 참깨 시장은 수많은 기업(농부)이 생산에 참가하는 매우 '경쟁적'인 시장이다.

완전경쟁시장

일반 상식으로는 경쟁적인 시장에 광고가 요란하고, 경쟁적이지 않으면 광고도 필요하지 않을 것 같다. 사실은 그렇지 않다. 그 이유를 알기 위해서 먼저 '매우 경쟁적인 시장'인 완전경쟁시장에 대해 알아보자. 경제학자들은 다음 몇 가지 조건을 갖춘 시장을 완전경쟁시장이라고 부른다.

첫째, 시장 참가자, 즉 판매자와 소비자가 다수이다. 한 기업이나 소비자는 시장에 영향을 미치지 못한다.

둘째, 각 기업에서 생산하는 상품은 동질적이다.

셋째, 시장에 다른 기업이 자유로이 진입하거나 퇴출할 수 있다.

넷째, 시장 참가자는 누구나 시장에 대해 완전한 정보를 가진다. 이상 네 가지 조건이 갖춰진 시장을 완전경쟁시장이라고 부른다. 이 시장은 이론상 자원이 효율적으로 배분되는 이상적인 시장이다. 완전경쟁시장 성립의 둘째 조건인 상품의 동질성과 넷째 조건인 정보성을 생각하면 광고가 필요 없다는 것이 자명하다. 시장에 나오는 모든 상품의 품질이 같고 그것을 소비자가 안다면 굳이 돈 들여서 광고할 필요가 없는 것이다.

가격수용자

완전경쟁시장에서는 상품의 가격이 보이지 않는 손에 의해 결정된다. 생산자나 소비자는 시장에 의해 결정된 가격에 순응한다. 시장 참가자는 모두가 가격수용자(price taker)이다. 생산자는 결정된 그 가격에 얼마든지 판매할 수 있고, 소비자는 그 가격에 얼마든지 구입할 수 있다. 가격수용자와 대칭되는 말은 가격설정자이다.

완전경쟁시장: 판매자가 다수이고 동질성, 정보성 등이 있는 시장.

블루오션: 경쟁자가 없어서 얼마든지 개척이 가능한 새로운 시장.

가격수용자: 완전경쟁시장에서 결정된 가격에 순응하는 참가자.

얕은 물이 요란하다

불완전경쟁시장

깊은 물이 조용하다는 속담이 있는가 하면 "얕은 물이 요란하다"라는 속담도 있다. 완전경쟁시장은 조용한 반면에 불완전경쟁시장에서는 소리가 난다. "빈 수레가 요란하다"라는 속담이 있듯이.

불완전경쟁시장

불완전경쟁시장은 완전경쟁시장의 조건, 즉 다수성, 동질성, 진입과 탈퇴의 자유, 정보성 등을 충족시키지 못하는 시장을 말한다. 불완전경쟁시장으로는 독점시장, 과점시장, 독점적 경쟁시장이 있다. 독점시장은 상품을 공급하는 기업이 하나뿐인 시장이다. 과점시장은 소수의 기업이 거의 동질적인 상품으로 경쟁하는 시장이다. 독점적 경쟁시장은 독점적 요소와 경쟁적 요소를 동시에 지닌 시장이다.

완전한 독점이나 완전경쟁이 존재하기 어렵다는 점을 생각하면 대부분의 시장은 과점시장 또는 독점적 경쟁시장이다.

불완전경쟁시장에 참여하는 기업은 시장 지배력을 바탕으로 가격설정자(price maker)로 참여한다. 불완전경쟁시장에서는 기업이 상품 가격을 결정한다는 뜻이다. 상품에 붙어있는 정가표의 가격은 소비자에게 물어보고 붙인 것이 아니다. 가격을 매길 때 기업 간에 치열한 눈치싸움이 벌어진다. 삼성과 LG, 애플이 새로운 모델을 내놓을 때마다 가격을 가지고 신경전을 벌인다. 완전경쟁시장에서 가격이 시장에 의해 결정되고, 결정된 가격에 기업과 소비자가 순응하는 것과 대조된다.

과점시장

과점시장에서는 참가자가 소수여서 대립적 경쟁이 일어난다. 완전경쟁시장에서는 참가자 수가 많기 때문에 한 기업이나 소비자가 아무리 많이 생산하거나 구매해도 다른 참가자의 몫이 줄어들지 않는다. 그러나 과점시장은 사정이 다르다. 기업이 서로 연적(rival) 관계이다. 한 여인을 두고 사랑을 다투는 두 사람이 동시에 여인의 사랑을 차지할 수 없다. 경합성이 있어서 한 기업이 몫을 많이 차지하면 다른 기업의 몫이 줄어든다.

과점시장은 한정된 시장에서 비슷한 상품으로 경쟁이 이뤄진다는 점에서 레드오션(red ocean)이다. 레드오션에서는 경쟁 상대의 영역을 좁혀야 자기의 영역을 넓힐 수 있다. 광고는 자기의 영역을 넓히기 위한 수단이다. 그래서 과점시장에는 광고가 요란하다. 광고란 시장이 경쟁적이지 않다는 신호이다.

과점 기업은 가격경쟁보다는 비非가격경쟁에 치중한다. 기업이 광고, 담합, 진입장벽 등 가격 외적인 요소로 경쟁한다. 비가격경쟁에 들어가는 비용은 생산비를 끌어올려 상품 가격에 반영된다.

독점적 경쟁시장

흔히 '동네' 이발소나 목욕탕을 이용하고, 치킨도 가까운 곳에서 시켜 먹는다. 그런데 이발소나 치킨점이 그 동네에 하나만 있는 것이 아니다. 수십 개가 넘는 다른 업체가 있다. 이러한 업종은 지역적으로는 독점이고, 업체의 수를 보면 경쟁적이다. 독점 요소와 경쟁 요소를 동시에 지닌 시장 조직을 독점적 경쟁이라고 한다. 독점적 경쟁시장은 참여 기업의 수효가 많고 진입과 퇴출이 비교적 자유롭다는 점에서 완전경쟁시장과 비슷하다. 상품차별화나 지역성으로 독점성을 확보한다는 점에서는 독점과 비슷하다.

불완전경쟁시장: 판매자가 소수여서 대립 관계의 경쟁이 존재하는 시장.

과점시장: 소수의 기업이 경쟁하는 시장.

독점적 경쟁시장: 독점 요소와 경쟁 요소를 동시에 가지고 있는 시장.

비가격경쟁: 가격 이외의 조건을 가지고 벌이는 경쟁.

레드오션: 한정된 시장에서 비슷한 전략과 상품으로 경쟁하는 시장.

청기와 장수

독점

얼마 전 조선 시대의 물시계 자격루가 복원되었다. 세종 시대의 천재 과학자였던 장영실이 만든 것으로, 오늘날의 자명종처럼 자동 시보 장치까지 갖추고 있어서 자격루라고 불렀다. 고장 난 지 수백 년이 지났지만 복원이 가능했던 것은 제작 과정에 대한 자세한 기록 덕분이다. 하지만 고려청자의 비색은 현대 기술로도 완벽한 재현이 불가능하다. 비색을 만드는 비법이 후세에 전해지지 않았기 때문이다.

청기와 장수

우리나라의 대통령 공관은 푸른 기와를 얹은 청와대이다. 옛날에 청기와(青瓦)는 회색의 보통 기와에 비해 값이 비쌌다. 청기와 만드는 기술을 가진 제작자는 비법을 남에게 가르쳐주지 않고 자기 혼자만 알고 있으면서 계속 이익을 독차지했다고 한다. 그래서 "청기와 장수"라는 속담이 생겨났다. 어떤 상품의 제조 기술이나 비법을 자기 혼자만 알아 생산하는 사람을 청기와 장수라고 한다.

청기와 장수는 요즘 말로 독점기업이다. 어떤 산업에 기업이 하나만 존재하는 것이 독점이다. 독점의 특성은 그 산업에 다른 기업의 진입이 불가능하다는 점이다. 전매나 특허권 등 법으로 독점이 인정된 경우, 시장 규모가 너무 작아 기존의 한 기업 외 다른 기업의 진입이 어려운 경우에 독점이 성립한다. 핵심적인 생산요소를 한 기업이 장악하는 경우에도 독점이 성립한다. 요하네스버그에서 다이아몬드 원석 광산을 장악한 드 비어스(De Beers)는 전 세계 다이아몬드 시장을 독점했다. 기술개발을 통해 새로운 상품을 발명하는 경우에는 대체재나 모방제품이 나올 때까지 독점이 지속될 수 있다.

글로벌 기업의 특허권에 관한 국제 소송은 독점을 유지하려는 싸움이다. 특허권을 가졌다고 주장하는 기업이 소송에서 지면 독점권을 내놓아야 한다. 아울러, 특허권을 침해했다는 소송에서 지면 독점에서 배제됨은 물론 피해를 입힌 기업에 손해 배상도 해야 한다. 현재 다국적기업을 중심으로 한 선진국의 기업들은 하찮게 보이는 사항에까지 미리 특허를 내두고 독점 확보 전쟁을 벌이고 있다.

가격설정자

독점기업은 가격설정자로서 상품 가격을 마음대로 결정할 수 있다. 시장이 독점화되면 경쟁시장에 비해 생산량은 감소하고 가격은 오른다. 가격설정자인 독점기업이 생산량을 조절하여 가격을 올리는 것이다. 이 때문에 소비자가 누려야 할 후생의 일부가 독점기업에 전환된다. 이뿐만이 아니다. 기업이 생산량을 감소시키면 결과적으로 자원이 효율적으로 이용되지 않기 때문에 사회적 후생이 감소한다. 사회적인 후생 상실 부분을 그림으로 나타내면 삼각형 모양이 된다. 이 삼각형을 후생삼각형이라고 한다. 연구자 하버거(A. Harberger)의 이름을 따서 하버거삼각형이라고 부르기도 한다.

독점시장에서는 매점매석도 빈번하다. 조선 후기에 박지원朴趾源이 지은 단편소설 "허생전"의 전반부는 매점매석 이야기다. 빈둥빈둥 놀기만 하던 허 생원이 한양의 큰 부자 변 씨를 찾아가서 큰돈을 빌려 과일을 매점하고 과일이 동나자 오른 가격에 팔아 큰돈을 벌었다는 줄거리다. 매점매석은 독점력을 바탕으로 이뤄진다. 독점기업은 독점력을 이용하여 출고를 조절하고 가격도 조절하여 소비자의 후생, 사회의 후생을 앗아간다. 하나 덧붙이자면 허 생원의 후일담은 따뜻하다. 쌀 매점은 하지 않은 것이다. 과일은 주로 양반이 쓰는 것이라 매점해도 서민에게 큰 피해가 가지 않지만, 쌀을 매점한다면 가난한 백성이 어려움을 당할 것이라 생각하고 큰돈 벌 기회를 포기한 것이다.

독점시장: 한 개의 기업이 지배하는 시장.

매점매석: 차익을 노리고 필요 이상으로 상품을 사 두는 일, 사재기.

망하는 집 머슴 배부르고
흥하는 집 머슴 배곯는다

X-비효율성

망해가는 집의 주인이나 머슴은 열심히 일하지 않고 흥청망청 먹고 마신다. 이에 비해 흥하는 집은 주인과 머슴 모두 열심히 일하고 절약하며 산다. "망하는 집 머슴 배부르고 흥하는 집 머슴 배곯는다"라는 속담은 도덕적 해이에 젖은 세태를 잘 나타낸다.

X-비효율성

동일한 두 기업이 있는데, 똑같은 양의 원료를 사용하고 똑같은 생산기술을 사용한다면 생산량도 같아야 한다. 하지만 실제로 나타난 결과를 보면 눈에 보이지 않는 어떤 조건의 차이로 생산량에 차이가 발생하기도 한다. 라이벤슈타인(H. Leibenstein)은 경쟁산업의 기업과 독점기업 사이에 그러한 차이가 발생한다고 설명했다. 경쟁에 노출되어 있는 기업은 가능한 한 효율적인 생산을 통해 낮은 비용으로 많은 상품을 생산하려고 노력한다. 하지만 독점기업은 그렇지 않아서 비효율적으로 생산할 수 있다. 경쟁산업에서는 경쟁이라는 압력 때문에 기업이 비용극소화 행동을 하지만, 경쟁이 없으면 노력을 게을리 할 가능성이 있다.

최선을 다해야 할 절실한 이유가 없는 조직에서 나타나는 비효율 현상을 X-비효율성이라고 한다. 독점기업은 효율성을 위한 노력보다는 진입장벽을 만들어 독점을 지속시키는 일에 몰두하는 경향이 있다. 심지어 관계기관에 로비를 해서 특권을 획득하거나 기업이 가진 유리한 위치를 계속 유지하기도 한다.

반면, 똑같은 양의 노동과 자본을 투입하고 똑같은 생산기술을 사용했지만 생산성이 높은 경우를 X-효율성이라고 한다. 볼셰비키 혁명이 일어난 뒤 소련의 생산성이 25%나 증가한 적이 있다. 혁명 전과 똑같은 자본과 노동 및 기술이었지만 생산성이 높게 나타난 것이다. 그것은 소득을 공평하게 나누어 가질 수 있다는 희망이 생긴 농민과 노동자들이 열심히 생산에 참여한 덕분이었다.

공기업 이야기

업무는 힘들지 않으면서 근무 조건이 좋고 봉급이 많은 직장을 '신의 직장'이라고 부른다. 우리나라 대부분의 공기업은 신의 직장으로 알려져 있다. 하지만 감사원에서 공기업의 경영 실태를 감사할 때마다 '방만한 경영으로 효율화를 달성하지 못하고 있다'라는 지적이 나오곤 한다. 공기업에 X-비효율성이 발생한다는 지적이다.

X-비효율성은 최선을 다해야할 절실한 이유가 없을 때 발생한다. 공기업은 정부가 뒷받침 해주기 때문에 최선을 다해야 할 유인이 아무래도 덜 하다. 더구나 공기업은 정부로부터 운영을 위임받은 조직이다. 위임받은 조직에서는 도덕적 해이가 발생하기 쉽다. X-비효율성이 나타나기에 딱 알맞은 조건이다. 감사원의 감사 결과나 경영 성과를 보면 여러 공기업이 비효율적인 경영을 하고 있다는 것도 사실이다.

공기업을 민영화시키자는 주장이 자주 나온다. 공기업을 일반 기업처럼 경쟁이라는 정글 속으로 밀어 넣자는 주장이다. 과연 민영화로 공기업에 나타나는 X-비효율성이 감소하거나 제거될 수 있을까? 아마 X-비효율성이 어느 정도는 감소할 것이다. 하지만 민영화는 말처럼 쉬운 것이 아니다. 공기업은 대부분 막대한 투자가 필요한 대규모의 사업이다. 거액을 들여 인수한 민간 회사가 장기적인 투자를 지속하기 어렵다. 기업은 이윤극대화 경영을 할 것이고, 독점기업의 폐해가 그대로 나타날 가능성이 있다.

X-비효율성: 최선을 다하지 않아도 되는 조직에 나타나는 비효율 현상.

한 냥 빌린 놈은 오그리고 자는데
백 냥 빌린 놈은 펴고 잔다

차입경영과 대마불사

로마 시대 율리우스 카이사르는 담보도 없이 빚을 많이 얻어 쓴 사람으로 유명하다. 그는 권좌에 오르기 전에도 거액의 빚을 지고 있었다. 아직 권력도 없던 그가 어떻게 많은 빚을 얻을 수 있었는가. 그것은 빚을 많이 진 사람일수록 빚을 얻기가 더 쉽다는 역설에서 가능하다.[6] 빚이라는 것이 소액일 때는 채권자가 강자이지만, 액수가 늘어나면 채무자가 강자로 변한다. 빚을 많이 지게 되면 보증을 얻는 것과 마찬가지여서 채권자는 채무자가 파산하지 않도록 계속 지원하게 된다는 것이다.

에스파냐 총독에 임명되어 부임하러 가는 카이사르(Julius Caesar)를 빚쟁이들이 발목을 잡고 막아섰을 때, 크라수스(Marcus Crassus)가 보증을 서 주어 부임지로 떠날 수 있게 해 주었다. 크라수스는 카이사

르에게 빚을 가장 많이 준 채권자였다. 카이사르는 빚을 얻어 부하에게 보너스를 주거나 도로 보수, 그리고 포로 로마노 건설 등 대중적 지지를 얻는 일에 주로 사용하면서 지지 기반을 확충하여 나갔다. 그리고 마침내 로마 최고의 권력자가 되었다.

대마불사

경제개발 시기에 대마불사라는 말이 유행했다. 원래 대마불사라는 말은 바둑을 둘 때 큰 말은 좀처럼 죽지 않는다는 뜻으로 사용되었다. 바둑판에서 쓰이는 이 용어가 대기업이나 은행과 관계된 말로 사용된 것이다. 은행이나 대기업은 좀처럼 망하지 않는다는 뜻이다.

은행은 개인뿐만 아니라 수많은 기업과 자금 거래를 한다. 만약 은행이 파산한다면 금융시장이 흔들리고 기업의 연쇄도산이 일어나는 등 국가경제에 미치는 파급효과가 매우 크다. 일반 기업이 망하는 것과는 비교가 안 된다. 은행은 쉽사리 파산하지도 않거니와 파산해서도 안 된다. 만약 은행이 파산 위기에 몰리면 정부가 나서서 막아주는 것이 예사다. 그래서 은행불사라는 말이 나왔다.

대기업도 망해서는 안 된다는 점에서는 은행과 마찬가지다. 대기업이 부도나면 해당 기업에 근무하는 사람들이 실업에 내몰릴 뿐만 아니라 하청기업의 연쇄부도 등 커다란 파급효과를 불러온다. 그래서 정부는 대기업의 부도도 가능하면 막아주려고 한다. 은행과 대기업은 망하기엔 너무 크다(too big to fail). 즉 대마불사다. "한 냥 빌린 놈은 오그리고 자는데 백 냥 빌린 놈은 펴고 잔다"라는 속담은 이 세태를 잘 꿰뚫는 말이다.

차입경영

대마불사의 논리를 들어 정부가 은행이나 대기업을 보호한다면 어떤 일이 일어날까. 아마 기업은 내실 있는 경영보다는 차입 경영 등으로 외형 키우기에 주력할 것이다. 어떤 기업이 부실 경영으로 부채가 쌓이고 부도 위기에 몰리고 있다고 하자. 경영자는 경영을 개선하려는 노력은 하지 않고, 여기저기 은행에서 돈을 끌어들여 기업의 덩치를 키워놓고 '이 큰 기업이 망하면 나라도 손해니 살려내라'고 배짱을 내밀 것이다. 경영 잘못으로 기업이 부도위기에 몰리더라도 정부가 공적자금을 투입해서 기업을 회생시키도록 유도하는 것이다. 거액 채무자는 채권자에게 내가 안 갚은 채 망하면 당신이 더 손해라면서 배짱을 부린다.

겨우 한 냥 빌리고서 오그리고 자는 서민만 늘 불쌍하다.

대마불사: 큰 기업은 망하지 않는다는 믿음.

차입경영: 대마불사를 믿고 차입 자본에 의존하는 경영 전략.

5

마케팅과 게임이론_

뒤주 밑이 긁히면 밥맛이 더 난다

뒤주 밑이 긁히면 밥맛이 더 난다: 희소성 마케팅, 목마른 놈이 샘 판다: 가격차별, 울며 겨자 먹기: 이부가격, 산전 벌어 고라니 좋은 일 한다: 해외 덤핑, 동서 춤추소: 가격선도와 담합, 맞은 놈은 펴고 자고 때린 놈은 오그리고 잔다: 용의자의 딜레마, 매도 먼저 맞는 놈이 낫다: 리니언시 제도, 날 잡은 놈이 자루 잡은 놈 당하랴: 우월전략

뒤주 밑이 긁히면
밥맛이 더 난다

희소성 마케팅

월간 잡지에 게재된 연재만화가 너무 재미있다. 주인공이 모험에 빠지는 장면에 마음을 졸인다. 이어지는 이야기가 궁금해 다급한 마음으로 책장을 넘기지만 거기서 끝이다.

'다음 호에 계속'

용돈을 모아가며 한 달 내내 기다리다가 다음 호를 산다. 어렸을 적에 흔히 겪었던 일이다. TV나 라디오의 드라마도 항상 중요한 순간에 끝이 난다. 궁금한 마음을 다독여가며 다음 회를 기다릴 수밖에 없다. 많은 청소년이 서태지를 좋아하고 그의 노래를 듣고 싶어 한다. 그러나 서태지는 매스컴에 자주 등장하지 않는다. 누군가가 "서태지는 왜 TV에 안 나오지? 보고 싶은데." 하고 말한다면, 재미있게도 그 질문이 바로 답이다. 젊은이들은 서태지가 TV에 자주 등장하지 않기 때문에 더욱 서태지를 보고 싶어 한다. 서태지는 화면에 자주 등장하지 않음으로 주가가 오른다.

"뒤주 밑이 긁히면 밥맛이 더 난다"라는 속담이 있다. 풍족하게 있을 때는 귀한 줄 모르다가도 없어지면 귀하게 느껴지는 것이 사람의 마음이다. 배고프던 시절, 쌀이 거의 떨어져서 뒤주 밑이 긁히는 소리가 나기 시작하면 그 밥이 얼마나 귀하고 맛있었겠는가.

희소성 마케팅

2014년 문구 제조회사 모나미에서 '모나미153 리미티드 1.0블랙'을 1만 개 한정판으로 제작 판매하였다. 2만 원은 꽤 높은 가격이었지만 볼펜은 발매 다음날 곧바로 매진되었다. 그 후로 한정판의 추가 생산 계획이 없다는 소식이 전해지자 가격이 더욱 높아져서 한 때는 20만 원까지 치솟기도 했다. 회사는 볼펜 완판은 물론 소비자의 뜨거운 관심을 이끌어냈다. 희소성 마케팅을 통해 소비자를 줄서게 했을 뿐만 아니라, 시중의 관심과 화제를 이끌어내어 광고 효과까지 올린 것이다. 모나미처럼 한정판을 통해 제품의 가치를 높이는 판매 전략을 희소성 마케팅이라고 한다. '국내 유일'이라는 문구가 들어가는 광고는 대개 희소성 마케팅이다. 재미있는 것은 '최초'와 '마지막'이라는 단어이다. 정 반대의 뜻을 가진 두 단어가 광고에서 만나면 희소성 마케팅으로 한 뜻이 된다.

직장인의 간단한 점심으로 곰탕이 제격이다. 쇠뼈를 오랫동안 고아서 내놓는 국물 맛에 사람들은 곰탕을 즐겨 찾는다. 소문난 곰탕집은 늘 만원이다. 줄을 서서 기다리기 일쑤다. 늦게 가면 '오늘 곰국은 다 떨어졌으니 내일 오시라'는 인사만 받고 돌아설 때도 있다. 이름난 곰탕집은 대개 준비한 곰국 양 만큼 곰탕을 판매한다. 곰탕집의 이러한 영업 방식은 좋은 평판을 가져다준다. 우선 국물에 맹물을 붓지 않아 순수한 곰국으로 만든 음식만 판다는 신용을 얻게 한다. 또 손님에게 희소성을 알려 가치를 높인다.

아쉽게 발길을 돌리는 부장의 한 마디가 그것이다.

"김 과장, 내일은 열두시 땡 치면 뛰어가서 자리 잡아 둬!"

"너 언제 결혼하니"

명화 중 지금까지 세계에서 가장 비싸게 팔린 작품은 폴 고갱의 '너 언제 결혼하니'이다. 이 그림은 2015년에 카타르 왕가에서 3억 달러(당시 환율로 3,272억 원)에 사들였다. 카타르는 오일 달러의 자금력을 동원하여 미술품 시장에서 큰 손 노릇을 하고 있다. 그렇다고 고갱의 그림이 세계에서 가장 비싼 그림은 아닐 것이다. 모나리자와 최후의 만찬도 있으니까. 명화의 가격이 그토록 비싼 것은 예술적 가치도 가치지만 희소성 덕분이다.

희소성 마케팅: 한정판 판매 등 희소성으로 제품의 가치를 높이는 마케팅.

목마른 놈이 샘 판다

가격차별

기름보일러나 도시가스가 보급되기 전에는 난방에 연탄이 주로 사용되었다. 그런데 겨울이 다가와 날씨가 추워지면 어김없이 찾아오는 불청객이 있었으니 바로 연탄 파동이다. 연탄 파동은 석탄 생산이 달리거나 반입에 장애가 생기면 공급이 수요를 따르지 못해 일어나곤 하던 연례행사였고, 그때마다 서민들은 추위에 떨어야 했다. 어떤 해는 연탄업자들의 출고조절 때문에 연탄 파동이 일어나기도 했다. 업자가 슬그머니 연탄 공급을 줄이면 연탄 값은 어김없이 올랐고, 서민들은 비싼 값에 연탄을 구입해야 했다. 연탄 수요가 집중되는 시기가 끝나면 연탄 값은 다시 내렸다. 여름에는 값싸게 나오던 연탄이 겨울만 되면 비싸지던 것, 지금 생각하니 일종의 가격차별이었다.

가격차별

독점기업이 같은 품질의 상품을 서로 다른 가격으로 판매하여 이윤을 증대시키려는 전략을 가격차별이라고 한다. 가격차별은 주로 시장에서 가격 결정력을 가진 독점기업이 시도하며, 만약 시장 분리가 가능하다면 독점기업이 아니더라도 가능하다. 시장 분리가 가능하다는 것은 값싸게 파는 시장과 비싸게 파는 시장으로 분리가 가능한 것을 말한다.

가격차별이 성립하려면 몇 가지 조건이 충족되어야 한다.

첫째, 두 시장에서 소비자 간에 재판매가 불가능해야 한다. 만약 소비자가 값이 싼 시장에서 상품을 구입하여 비싼 시장에 재판매한다면 이윤을 증대하기 위해 시도한 가격차별의 의미가 없어진다.

둘째, 기업이 시장에서 가격설정자(price-setter)의 지위에 있어야 한다. 그래야 가격을 기업 마음대로 매길 수 있다.

셋째, 말할 필요도 없이 당연한 일이지만, 가격차별로 얻는 이익이 가격차별을 하는데 들어가는 비용보다 커야 한다.

이거 살 사람?: 제1도 가격차별

가격차별은 차별이 강한 정도에 따라 제1도가격차별, 제2도가격차별, 제3도가격차별로 나누어진다. 이 중 가장 강력한 차별이 제1도가격차별이다. 제1도가격차별은 상품의 매 단위마다 서로 다른 가격을 설정하여 판매하는 방식이다.

독점기업이 소비자의 수요에 관한 모든 정보를 알고 있다 하자. 기업은 상품을 한 단위씩 분리하여 매 단위마다 가장 높은 가격을 지불할 용의가 있는 사람에게 판매하는 것이 가능하게 된다. 보통의 시장에서는 수요와 공급이 만나는 점에서 균형가격이 결정되어 일물일가의 법칙이 성립한다. 그러나 제1도가격차별이 이뤄지면 상품 매 단위마다 가격이 각각 다르다.

"딱 하나 남아 있는데, 이거 살 사람?"

공급자가 이렇게 묻는다 하자. 누가 사겠는가. 가장 다급한 사람이 제일 높은 가격을 주고 산다. 그 다음에 또 한 단위를 내놓고 "이거 살 사람?" 하면 이번에는 그 다음으로 다급한 사람이 두 번째 높은 가격을 지불하고 산다. 희소성 마케팅을 가차 없이 적용하는 것이다. 상품 매 단위마다 지불할 용의가 있는 최고의 가격을 받아내는 것이니 그야말로 "목마른 놈이 샘 판다"라는 속담 그대로의 판매 방식이다. 경매, 공개 경쟁 입찰 등이 제1도가격차별의 일종이다.

제1도가격차별은 독점기업의 입장에서 가장 유리한 가격차별이라는 의미로 완전가격차별이라고도 한다. 완전가격차별이 이뤄지면 소비자잉여가 전혀 남지 않고 고스란히 공급자에게 넘어간다.

가격차별: 동일한 상품을 다른 가격으로 판매하여 이윤을 증대시키는 전략.

제1도가격차별: 매 단위마다 다른 가격으로 판매하는 전략.

울며 겨자 먹기

이부가격

놀이공원에서 엄마와 아들이 다투고 있다.

"입장료를 얼마나 내고 들어왔는데 너는 보는 것마다 다 타자고 그러니?"

아들이 지지 않고 대답한다.

"놀이 기구를 안 타면 입장료만 날리잖아요. 그러니 더 타야죠."

지나가던 놀이공원 사장이 흐뭇한 표정으로 말한다.

"똑똑한 아드님을 두셨군요."

이부가격

입장료를 먼저 내고 들어간 뒤, 놀이기구를 이용할 때마다 따로 사용료를 내야하는 방식으로 운영하는 놀이공원 이야기이다. 이 모자는 이미 입장료를 내고 들어왔다. 만약 놀이기구 타는 요금이 아까워서 하나도 타지 않는다면 아들 말처럼 괜히 입장료만 날리게 된다. 그러니 입장료를 내고 온 이상 놀이기구를 타는 것이 합리적이다. 바로 "울며 겨자 먹기"이다.

놀이공원처럼 상품구입권을 판매한 뒤 소비량에 따라 대금을 따로 징수하는 이원화된 가격을 이부가격이라고 한다. 예식장업자가 예식장 사용료는 싸게 하고 대신 신부 화장을 하게 하거나 드레스를 비싸게 임대하고 하객 접대는 예식장이 운영하는 식당을 이용하도록 요구하는 것이 그 하나이다. 그 외에 기본료와 사용료 방식의 전화요금과 택시요금, 회원제 방식의 골프장 이용료 등도 이부가격에 속한다. 이러한 재화나 서비스는 완전보완재의 성격을 가지고 있어서 둘 중 한 가지 재화만 소비할 경우에는 효용을 발휘하지 못하는 것들이다. 이부가격을 구속가격이라고도 한다. 이부가격제는 제2도가격차별에 속한다.

제2도가격차별

구매량에 따라 가격을 달리하여 판매하는 전략을 제2도가격차별이라고 한다. 이부가격제 이외의 제2도가격차별의 방식에는 판매량별 가격설정, 끼워 팔기 등이 있다. 판매량별 가격설정은 상품 소비량에 따라 소비자 그룹을 나누고, 각 그룹에 서로 다른 가격을 설정하는 판매 방식을 말한다. 할인 마트에서 대량으로 구입하는 고객에게 할인 판매하는 경우, 독서실 월권 요금, 장기 주차요금 등이 판매량별 가격설정에 속한다.

판매량별 가격설정은 상품 구입량에 따라 소비자 그룹을 나누고, 각 그룹에 서로 다른 가격을 설정하는 판매 방식을 말한다. 독서실 월권 요금은 일권 요금에 비해 싸다. 독서실에서 공부하던 젊은이가 편의점에 들르면 거기도 가격차별이 기다리고 있다. 우유 등의 2+1 판매도 가격차별이다. 1개를 사는 사람은 정상가격을 내지만, 2개를 사는 사람은 덤을 1개 더 받으니까 결과적으로 2/3 가격에 구입하는 것이다. 젊은이를 상대하는 레스토랑에서 제공하는 세트메뉴도 묶어팔기라는 이름의 가격차별이다.

주차 요금은 사용 시간에 따라 큰 차이를 보인다. 시간 주차에 비해 일 주차가 상대적으로 싸고, 월 주차나 연 주차는 그보다 훨씬 싸다. 반면에 30분이나 1시간의 짧은 시간만 주차하는 사람은 상대적으로 비싼 주차료를 물어야 한다. 가격차별의 명암이다.

이부가격: 상품구입권을 판매한 뒤 소비량에 따라 대금을 따로 징수하는 이원화된 가격설정 방식.

판매량별 가격설정: 구입량에 따라 서로 다른 가격을 설정하는 판매 전략.

제2도가격차별: 구매량에 따라 가격을 달리하여 판매하는 전략.

산전 벌어 고라니
좋은 일 한다

해외 덤핑

도심에 멧돼지가 나타나 주민을 놀라게 하는 일이 잦다. 산골 논밭에는 수시로 멧돼지가 나타나서 고구마 밭을 뒤엎고 콩밭을 쑥밭으로 만든다. "산전 벌어 고라니 좋은 일 한다"라는 속담이 있다. 산전山田은 산에 일군 밭을 말한다. 이 속담은 산자락에 애써 지은 농사를 고라니가 와서 먹어버린다고 탄식하고 있다. 땀 흘려 일해서 다른 사람 좋은 일만 하는 것을 뜻하는 속담이다.

해외 덤핑

현대자동차에서 제네시스를 출시했을 때 국내에서는 비싸게 팔고 미국을 비롯한 해외에는 싸게 판다고 국내 소비자의 불만이 터져 나왔다. 미국에 판매하는 차의 사양이 달라서 수평적으로 비교할 수는 없지만, 그러한 차이를 고려하더라도 최소한 5백만 원 내지 1천만 원 가까이 국내에 비싸게 판매한다는 주장이 제기된 것이다. 심지어 미국에서 제네시스를 구입하여 국내로 반입하는 역수입 현상도 벌어졌다. 논란이 계속되자 현대자동차는 국내가격을 낮추어 출시했다. 현대자동차가 해외 덤핑(dumping)을 자인한 셈이다.

해외 덤핑은 대개 개발도상국이 자국 산업을 보호하고 해외시장을 개척할 때 시도하는 경제개발 전략의 하나이다. 어느 개발도상국 정부가 가전산업을 육성하려 한다고 하자. 정부는 투자를 독려하지만 기업은 수지가 맞지 않는다고 투자를 꺼린다. 생산해봤자 소득수준이 낮아서 국내 수요가 적고, 수출하자니 가격 경쟁력이 없다는 것이다. 이 경우 정부가 들고 나오는 전략이 해외 덤핑이다. 기업에 정책 자금을 지원하여 가전제품을 생산하게 한 다음, 해외에 낮은 가격에 판매하고 국내에는 비싸게 팔 수 있도록 보호해주는 방식이다. 수출은 도와주되, 해당 상품의 수입은 금지시켜 국내에서 높은 가격에 팔도록 해주는 것이다.

해외 덤핑을 통한 경제개발 전략을 수출주도형 개발 전략이라고 한다. 우리나라는 해외 덤핑 전략으로 성공한 나라 중 하나이다. 베트남 전쟁에 파병되었다가 귀국하는 장병이 베트남에서 국산 TV를 값싸게 사가지고 들어올 수 있었던 것도 해외 덤핑 덕이었다. 해외 덤핑은 제3도가격차별에 해당된다. 수요의 가격탄력성이 서로 다른 두 시장에서 가격을 달리하여 판매하는 것을 제3도가격차별이라고 한다.

산전 벌어

해외 덤핑은 자국 소비자의 희생을 토대로 이뤄진다. 농부가 애써서 산전을 가꾸지만 열매는 고라니가 먹어버리듯이, 해외 소비자 좋은 일만 시키는 것이 해외 덤핑이다. 자동차 수출가격의 예에서 보듯이 해외 덤핑 전략은 꼭 경제개발 시기에만 일어났던 일이 아니다. 휴대폰도 신제품이 출시될 때마다 국내 판매 가격이 해외 판매 가격보다 비싸다는 소비자의 불만이 되풀이 된다.

해외 덤핑의 폐해는 국내 소비자를 홀대하는 것만으로 끝나지 않는다. 수입국에서 반발한다. 수입국에서는 덤핑 때문에 자국의 산업이 피해를 입는다. 이 경우 수입국은 자국 산업을 보호하기 위해서 '반덤핑 관세' 부과로 대응하는 것이 보통이다. 무역 전쟁이 일어나는 것이다. 2018년에 미국의 트럼프 대통령은 중국 등지에서 수입하는 제품의 관세를 대폭 인상했다. 관세 인상의 명분은 덤핑에 대한 보복이었다. 반덤핑 관세를 보복관세라고 부른다.

영화관의 조조할인, 박물관에서 어린이의 입장료 할인, 주말요금과 주중요금 차별제도 제3도가격차별에 속한다.

해외덤핑: 국내에는 비싸게 팔고 해외에는 값싸게 파는 전략.

제3도가격차별: 수요의 가격탄력성이 서로 다른 두 시장에서 가격을 달리하여 판매하는 전략.

동서 춤추소

가격선도와 담합

우리 농촌에 겨울을 보내고 봄을 맞으면서 삼짇날에 여자들이 밖으로 나가 전을 부쳐 먹으며 하루를 즐기는 풍속이 있었다. 꽃잎을 넣어 전을 부쳐 먹는다고 해서 화전花煎놀이라고 하는 이 모임은 동네 여자들의 거의 유일한 놀이였다. 어느 동네 화전놀이에 한집안 동서가 같이 참석한다. 모두들 흥겹게 춤추고 노는 모습을 보며 형님은 자기도 춤을 추고 싶지만 차마 용기가 나지 않는다. 그래서 아랫동서의 등을 살며시 밀며 말한다.

"동서, 춤추소!"

형님은 동서에게 춤추라 권하면서 사실은 '형님도 같이 춤추시자'라는 말을 기대하고 있다. 자기가 하고 싶은 일을 남에게 권하는 것을 "동서 춤추소"라고 한다. 기업도 가끔 자기 회사가 하고 싶은 일을 다른 기업이 먼저 하도록 하고 따라가는 수법을 사용한다. 가격 선도가 그것이다.

가격선도

캠퍼스 주변의 김밥이나 백반 값은 어느 집이나 거의 비슷하다. 그것은 식당가에 눈에 보이지 않는 담합이 존재하기 때문이다.

원가고에 시달리는 어느 기업이 가격을 올린다고 하자. 이때 다른 기업도 같이 가격을 올리면 서로 좋으련만 그렇지 않는 경우 가격을 올린 기업은 고객을 잃는다. 물론 기업 간에 담합해서 같이 가격을 올리는 것이 좋지만 그것은 당국이 법으로 금하는 일이다. 이러한 속사정은 다른 기업도 마찬가지다. 그 기업도 가격을 올리고 싶지만 고객이 이탈할까봐 눈치만 보고 있는 것이다. 이 경우 시도하는 것이 가격선도價格先導이다.

한 기업이 먼저 가격을 조정하면 그 후에 다른 기업도 따라서 조정하는 것이다. 일종의 묵시적 담합이다. 한 식당이 앞장서서 가격을 인상하면 그 후에 다른 식당도 슬그머니 가격을 올리는 방식이다. 가격선도는 법으로 금하는 담합을 피하면서 한 기업만 가격을 올렸을 때 시장을 잃는 위험을 피하게 해준다.

라면 값은 왜 같나

캠퍼스 주변 식당의 묵시적 담합은 애교라도 있다. 하지만 굴지의 대기업에 의해 명시적으로 이뤄지는 가격선도형 담합은 시장 질서를 어지럽히고 소비자를 우롱하는 경제 범죄이다. 몇해 전 라면 가격 담합이 적발되었다. 라면 제조회사들이 가격선도 형 담합을 해온 것이다.[7] 이들 회사의 가격선도 형 담합 방식은 그야말로 교과서적이다. 한 기업이 앞장서서 가격을 올리면 나머지 기업이 차례로 뒤를 따르는 가격선도 모형을 실현한 것이다. 더구나 이들 회사는 가격 인상안을 마련하고 그 인상 정보를 다른 회사에게 알려주기까지 했다고 한다. 명시적으로 담합을 한 것이다.

"형님 먼저 가격을 올리세요. 우리도 뒤따라 올릴 테니까."

가격선도형 담합 때 총대를 메고 먼저 가격을 올리는 일은 대개 지배기업이 담당한다. 이어서 군소 기업이 가격 인상을 따라가면 시장 점유율은 큰 변동 없이 유지된다. 서로 시장을 잃지 않고 가격만 올리는 효과를 얻는 것이다.

시장에서 규제 당국의 적발과 처벌이 되풀이되는 데도 담합이 계속해서 발생하는 것은 담합으로 얻는 이득이 매우 크기 때문이다. 담합의 이익이 크다는 것은 소비자가 누려야 할 후생을 빼앗아간다는 것을 뜻한다. 법으로 담합을 금지하는 것은 그 때문이다.

가격선도: 지배기업 등 한 기업이 가격을 조정하면 다른 기업도 따라서 조정하는 묵시적 담합.

맞은 놈은 펴고 자고
때린 놈은 오그리고 잔다

용의자의 딜레마

나쁜 일을 저지른 사람은 아무래도 마음이 불안하다. "맞은 놈은 펴고 자고 때린 놈은 오그리고 잔다"라는 속담이 맞다. 죄 짓고는 못 산다. 경제학에 이와 비슷한 상황을 분석하는 이론이 있다. 용의자의 딜레마(prisoner's dilemma)가 그것이다.

용의자의 딜레마

A와 B 두 사람이 잡혀와 검사 앞에 서게 된다. 잡히기 전 두 사람은 범행 사실을 부인하기로 약속했다. 검사가 두 용의자를 분리해서 심문한다. A에게 말한다. "자백하면 석방해주마. 만약 B는 자백하고 너만 부인하면 5년 구형이야." 검사는 B에게도 같은 제안을 한다. 두 사람 중 한 사람만 자백하면 자백한 자는 석방하고, 부인한

자는 다른 혐의까지 씌워서 5년형을 구형하겠다는 것이다. 단, 둘 다 부인하면 다른 혐의로 두 사람에게 각각 1년씩 구형한다. 두 사람이 모두 자백하면 각각 2년씩 구형한다. 이를 표로 나타내면 다음과 같다. 표 안의 숫자는 각각 A와 B에 대한 구형량이다. 대각선(╲) 좌하의 숫자는 A에게의 구형량을, 우상의 숫자는 B에게의 구형량을 나타낸다.

		B의 전략	
		자백	부인
A의 전략	자백	2 \ 2	0 \ 5
	부인	5 \ 0	1 \ 1

〈표〉 자백과 부인에 따른 구형량(A에 구형량╲B에 구형량)

A는 검사의 자백 권유에 귀가 솔깃하다. 하지만 B가 어떻게 나올는지가 마음에 걸린다. 자백해도 문제요 부인해도 문제다. 그야말로 '용의자의 딜레마'이다.

A의 생각 B의 생각

A가 독방에 앉아 생각하며 혼잣말을 한다. "B가 부인한다 하자. 내가 자백하면 나는 석방이다. 부인하면 1년 구형을 받는다. B가 부인할 경우 자백하는 것이 유리하군! 그럼 B가 자백하는 경우를 생

각해보자. 나도 자백하면 2년 구형을 받는다. 부인하면, 아이쿠! 나만 5년 구형이야. B가 자백하는 경우에도 자백이 유리하군. 그러고 보니 B가 자백하든 부인하든 나로서는 자백하는 것이 유리하군.'

B가 자백하든지 부인하든지 A의 최선의 전략은 자백이다. 그런데 B도 똑같은 생각을 하고 있다. 그에게도 최선의 전략은 자백이다. 궁리하던 두 사람은 결국 자백 전략을 선택하고, 각각 2년 구형을 받는다. 둘이서 굳게 의리를 지키면 1년씩만 구형을 받을 수 있는데도 말이다. 하지만, 자백이 사회를 위해서는 다행이 아닌가!

자백이 최선의 전략이라는 것은 두 사람이 초범이거나 잡범일 때 가능하다. 만약 두 사람이 범죄조직의 조직원이라면 이야기가 달라진다. 좀처럼 자백이 나오지 않는다. 자백하면 석방은 되지만 동료를 배신했다는 이유로 배신자라는 낙인이 찍히고, 부인하면 조직에선 영웅이 된다. 조직원이라면 두 사람 모두 부인 전략을 택할 가능성이 높다. 두 사람이 재범인 경우에도 부인 전략을 택할 것이다. 이들이 초범 때는 서로 배신해서 자백 전략을 택함으로 각각 2년씩 살고 나오지만, 같은 일을 몇 번 거치는 동안 서로 협력하는 것이 유익하다는 것을 깨닫게 된다. 교도 행정의 중요성은 여기에도 있다.

용의자의 딜레마 모형은 리니언시 제도 설명에도 이용된다.

게임이론

우리가 시행착오와 예측을 거쳐 가며 행동하듯이 기업도 시행착

오와 예측을 통해 경영 전략을 세우고 수정해간다. 특히 대립적인 경쟁을 벌이는 과점산업에 속하는 기업은 상대방의 전략을 분석하고 그에 대응하는 전략을 세워야 한다. 그 일을 담당하는 것이 게임이론이다.

게임이론은 참가자의 이해가 대립되는 상황에서 일어나는 의사결정을 설명하는 이론이다. 게임이론은 원래 전쟁에서 전략을 짜는 데 이용되었다. 적군의 진로, 군수물자 보급, 투입 부대 등을 예상하고 그에 대한 전략을 수립하는 과정 자체가 게임 상황이기 때문이다. 과점시장에서 기업의 경영 전략도 군사 전략과 비슷하다. 그래서 기업 행동 분석에 게임이론이 응용된다.

게임이론은 생소한 분야인 것처럼 느낄 수 있지만 사실 제로섬 게임, 협조적 게임 등의 게임이론 용어는 시중에서 흔히 사용하는 시사용어가 된지 오래다. 영화 '뷰티풀 마인드'로 유명한 내시균형도 게임이론에 나온다.

용의자의 딜레마: 자백과 부인 사이에서 고민하는 공범의 심리 게임.

게임이론: 이해가 대립되는 경쟁자 간에 일어나는 의사결정을 설명하는 이론.

매도 먼저 맞는 놈이 낫다

리니언시 제도

"한 학급의 60명이 손바닥을 맞는 벌을 받게 되었는데, 그중에서 가장 아픈 사람은 누구일까?" 그 답은 맨 먼저 맞는 1번이 아니라 맨 나중에 맞는 60번이다. 왜냐하면 1번 학생은 맨 먼저 매를 맞고 나면 공포로부터 해방되어 그 뒤의 학생들이 매를 맞는 동안 자유를 누릴 수 있다. 그러나 60번 학생은 자기 앞의 학생들이 맞을 때마다 59번의 공포에 시달려야 한다. 이 답의 힌트는 흔한 우리의 속담에 있다.

"매도 먼저 맞는 놈이 낫다."

조정래의 대하소설 《아리랑》 2부 4권의 머리말에 나오는 글이다. "매도 먼저 맞는 놈이 낫다"라는 속담이 있듯이 매를 먼저 맞는 것이 나은 제도가 있으니 리니언시(leniency) 제도이다.

리니언시 제도

리니언시 제도는 담합이나 카르텔 등 부당한 공동행위에 참여한 기업이 그 사실을 자진 신고할 경우 과징금을 감면해주는 제도이다. 미국을 비롯한 세계 여러 나라가 담합에 대해 리니언시 제도를 채택하고 있다. 우리나라도 리니언시 제도를 두고 있다. 담합에 참가한 기업이 자진신고 하는 경우 첫 번째 신고자에 대해서는 과징금을 모두 면제하고, 두 번째 신고자에 대해서는 50%를 감해준다. 리니언시 제도는 '용의자의 딜레마' 이론을 담합 적발에 응용한 것이다. 용의자의 딜레마의 골자는 범죄 사실을 자백하면 처벌을 면제해 주지만, 혼자 부인하면 가중처벌을 받는다는 것이다. 리니언시는 담합에 참여한 기업이 가중처벌을 받을까 두려워 담합을 자백하도록 유도하는 제도이다. 담합에 참가한 기업이 서로 믿지 못하도록 유도하는 장치이다.

리니언시 제도를 도입하는 이유는 담합의 적발이 어렵고, 적발한다고 해도 내부자 고발이나 담합 행위를 한 기업의 협조가 없이는 혐의를 입증하기 어렵기 때문이다. 채찍만으로는 잡아내기 어려운 담합을 당근을 주어 자백을 유도하는 것이다. 리니언시 제도는 기업의 담합 욕구를 사전에 제어하는 역할도 한다. 담합을 하더라도 상대방이 언제 담합 사실을 자진신고 할지는 모른다. 담합을 해도 불안한 것이다.

부작용

리니언시 제도에 대해 반론도 만만치 않다. 범법 행위를 저지른 기업이 자진신고 한다고 죄를 면제해 준다는 것은 법의 형평성을 깨뜨리는 일이라는 것이다. 담합을 주도한 기업이 부당한 이득을 올린 다음 자진신고 해서 빠져나가고, 나머지 기업만 벌을 받을 수 있다. 실제로 대기업이 담합을 주도해서 이득을 얻은 다음 조사가 시작되면 재빨리 자진신고해서 빠져나가고 따라 나섰던 중소기업은 미처 빠져나가지 못하고 벌과금을 무는 일도 발생하고 있다.

리니언시와 비슷하면서 마약 등의 수사에 적용하는 제도로 플리 바게닝(plea bargaining)이 있다. 몇 년 전에 유명 여배우 위노나 라이더가 백화점에서 옷을 훔친 혐의로 기소되었다. 그녀는 영화 '작은 아씨들'에 조 마치로 출연하여 영화팬의 사랑을 받은 배우이다. 재판 결과 위노나는 집행유예로 풀려나면서 480시간의 사회봉사 명령을 받았다. 사회봉사로 형량을 대신하도록 한 것이다. 가벼운 형벌은 플리 바게닝 제도 덕분이었다. 플리 바게닝은 용의자가 유죄를 인정하는 대가로 형량을 경감하거나 조정하는 제도이다. 용의자의 약점을 잡아 자백을 얻어낸다는 점에서 리니언시 제도와 비슷하다. 반인권적 수사기법이라는 비판을 받는 것도 비슷하다.

리니언시 제도: 먼저 죄를 자백하는 기업에 벌과금을 면제하는 제도.

날 잡은 놈이 자루 잡은 놈 당하랴

우월전략

오늘날 기업은 광고에 많은 비용을 지출한다. 광고는 매출을 증가시키는 기능도 있지만 비용 때문에 경영수지 압박 요인이 되기도 한다. 음료시장의 라이벌 코카콜라와 펩시콜라는 막대한 광고비를 지출한다. 한 회사가 광고를 같이 줄이자고 제안하자 서로에게 이득이 되는 일이라 서로 광고를 줄이기로 약속한다. 다음은 두 회사가 각각의 전략으로 얻을 수 있는 이익을 보이는 표이다.

		코카콜라	
		많은 광고비	적은 광고비
펩시콜라	많은 광고비	20 \ 20	60 \ 10
	적은 광고비	10 \ 60	40 \ 40

〈표〉 광고비 지출액에 따른 두 회사의 이익(단위: 억 달러)

두 기업이 많은 광고비를 지출하면 각각 20억 달러의 이익을 얻고, 적은 광고비를 지출하면 각각 40억 달러의 이익을 얻는다. 단, 한쪽은 약속을 지키고 다른 쪽은 약속을 어기는 경우 약속을 어긴 쪽은 시장이 확대되어 60억 달러를 얻고, 약속을 지킨 쪽은 10억 달러를 얻는다. 두 회사는 약속을 어기고 싶은 유혹을 받는다. 약속을 어길 때의 이익이 크기 때문이다.

우월전략

펩시의 입장에서 보자. 코카가 적은 광고비를 쓰는 경우 많은 광고비를 쓰면 60억 달러를 얻고, 적은 광고비를 쓰면 40억 달러를 얻는다. 많은 광고비 전략이 유리하다. 코카가 많은 광고비를 쓰는 경우에도 결과는 같다. 코카가 어떤 전략으로 나오든 많은 광고비 전략이 유리하다. 그것은 코카에도 마찬가지여서 많은 광고비 전략이 유리하다. 즉 둘 다 많은 광고비 전략이 유리하다.

칼을 놓고 두 사람이 다투는데 한 사람은 날을 쥐고 다른 사람은 자루를 쥔다면 자루를 쥔 쪽이 유리하다. "날 잡은 놈이 자루 잡은 놈 당하랴"라는 속담이 그것이다. 상대방이 어떻게 나오든지 항상 나에게 유리한 전략을 우월전략이라고 한다. 펩시, 코카 두 회사에게 모두 '많은 광고비' 전략이 우월전략이다. 두 회사가 각각 우월전략을 택하면 우월전략 균형이 이뤄진다.

협조적 게임

우월전략이 항상 최선의 결과를 가져다주는 것은 아니다. 두 회사가 각각 약속을 어기고 [많은 광고-많은 광고] 짝을 택하면 각각 20억 달러의 이익을 얻는다. 반면에 약속을 지켜서 [적은 광고-적은 광고] 짝을 택하면 각각 40억 달러의 이익을 얻을 수 있다. [많은 광고-많은 광고] 짝을 비협조적 게임이라고 하고, [적은 광고-적은 광고] 짝을 협조적 게임이라고 한다. 용어에도 나타나듯이 두 회사가 협조적 게임을 하면 40억 달러를 번다. 그러나 비협조적 게임을 하면 20억 달러 밖에 벌지 못한다. 담합은 협조적 게임에 속한다. 담합은 기업에 이익을 가져다준다. 그런데 한 기업이 담합 약속을 어기면 그 기업은 더 많은 이익을 얻는다. 다른 기업이 눈치 채고 같이 약속을 어기면 비협조적 게임이 되고, 양쪽 이익이 대폭 줄어든다. 기업 간 담합은 성사되었다가 다시 깨졌다가를 반복한다.

미국과 구소련 사이에 벌어졌던 핵무기 경쟁은 우월전략과 협조적 게임의 관계를 잘 보여준다. 두 나라의 [핵무장-핵무장] 전략은 우월전략에 속한다. 그 결과는 군비 과다지출이다. 반면에 [핵동결-핵 동결] 짝으로 협조적 게임을 하면 군비 축소와 평화 공존을 얻는다.

우월전략: 상대방의 전략에 관계없이 자신의 이익을 크게 만드는 전략.

협조적 게임: 두 기업이 서로 신뢰하고 약속을 지키는 전략을 택하는 경우.

비협조적 게임: 두 기업이 약속을 어기는 전략을 택하는 경우.

6

화폐와 금융_

금장이 금 불리듯 한다

금장이 금 불리듯 한다: **시뇨레지**, 너구리굴 보더니 피물 돈 내어 쓴다: **할인**, 곗돈 타고 집안 망한다: **사금융**, 아랫돌 빼어 윗돌 괴기: **돌려막기와 폰지금융**, 산딸기 밑에는 뱀이 있다: **위험**, 사고팔고는 엿장수 마음이다: **옵션**(option), 누이 좋고 매부 좋고: **스와프**(swap), 범 피하려다 호랑이 만난다: **파생상품과 키코**(KIKO), 없는 놈에게는 외상도 밑천이다: **공매도**

금장이 금 불리듯 한다

시뇨레지

그리스 시대 어느 날, 시칠리아의 시라쿠사(Siracusa) 거리를 발가벗고서 "유레카! 유레카!"를 외치며 달려가는 사내가 있었다. 이 벌거숭이 사내는 아르키메데스였다. 당시 시라쿠사의 왕 히에론 2세는 아르키메데스에게 새로 만든 왕관이 순금으로 만들어졌는지 아니면 은이나 구리가 섞였는지 알아보라고 명령했다. 단, 왕관을 깨뜨리지 말고 알아내라는 조건이 붙어 있었다. 몇 날을 고민하던 아르키메데스는 목욕을 하다가 잊고 있었던 부력浮力을 생각해내고, 이 원리를 이용하여 왕관이 순금으로 만들어졌는지 알아낼 실마리를 얻었다. 그는 하도 기뻐서 옷 입는 것도 잊어버리고 '알았다'라는 뜻의 유레카(eureka)를 외치며 거리를 질주했다.

시뇨레지

금을 다루는 세공업자를 금장金匠이라고 한다. 금장이는 금세공품을 만들면서 세공료를 받을 뿐만 아니라 금을 얇게 펴서 늘이거나 구리를 섞어 양을 불리는 방법으로 이득을 얻곤 했다. "금장이 금 불리듯 한다"라는 속담이 나온 연유이다.

금본위제도하에서는 발권자가 구리 등 질이 떨어지는 금속을 섞어서 금화를 만들면 큰 이득을 얻을 수 있다. 화폐 제조에 들어가는 소재가치보다 더 큰 액면가치를 만들어서 얻는 이득을 시뇨레지(seigniorage)라고 한다. 즉 소재가치와 액면가치의 차이가 시뇨레지다. 우리말로는 화폐발행 차익이라고 한다. 중세의 영주들은 시민이 금을 가지고 오면 금화를 만들어 주어 겉으로는 인심을 쓰면서 속으로는 구리 등을 섞는 방법으로 막대한 차익을 남겼다. 영주(seigneur)가 화폐를 제조하면서 차익을 남겼다는 뜻에서 이를 시뇨레지라고 부른다. 지폐제도 하에서 정부가 얻는 시뇨레지는 금속화폐제도에서의 경우보다 훨씬 더 크다. 지폐는 금화에 비해 재료비가 거의 들지 않기 때문이다.

역 시뇨레지

지폐제도 하에서 소액 거래는 동전이 이용된다. 동전 만드는 구리값이 액면가를 넘어서면 시뇨레지가 거꾸로 발생해서 화폐발행 차손을 입을 수 있다. 즉 역逆 시뇨레지가 발생할 수 있다. 우리나라에서 발행하는 주화는 500원 짜리를 빼고 모두 역 시뇨레지가 발생하고 있다. 10원짜리 주화를 만드는데 드는 구리 값이 10원 이상이라는 뜻이다. 덕분에 10원짜리 동전 수백만 개를 수집한 뒤 녹여서 구리로 판매하는 신종 범죄가 나타났다. 구리 값이 충분히 높아서 동전을 녹여 구리로 파는 것이 이득일 때 그 구리 값 수준을 멜팅 포인트(melting point)라고 한다. 주화는 발행할수록 정부가 손해를 본다. 돼지저금통에 동전을 모으는 것, 개인에게는 미덕이지만 나라에는 손해를 끼치는 일이니 이 또한 저축의 패러독스이다.

통화전쟁

달러(dollar)를 국제통화로 유통시키고 있는 미국은 국제적 시뇨레지를 얻는다. 예를 들어 백 달러짜리 지폐 한 장 발행하는데 1달러가 든다면 백 달러 지폐 한 장마다 99달러의 시뇨레지를 얻는다. 국제통화국이 가지는 또 하나의 좋은 점은 무역적자가 나도 파산하지 않는다는 점이다. 달러를 찍어내면 되기 때문이다. 게다가 미국의 기업은 무역 거래에서 달러로 환전할 필요가 없다. 국제통화가 가져다주는 이러한 편의성과 이득 때문에 각국은 자국 화폐를 국제통화로 만들려고 경쟁한다. 이 경쟁을 통화전쟁이라고 한다.

시뇨레지: 소재가치와 액면가치의 차이, 화폐발행차익.

멜팅 포인트: 동전 소재의 금속 값이 액면가를 넘어서는 점.

화폐전쟁: 자국의 화폐를 국제통화로 삼아 이득을 얻으려는 움직임.

너구리굴 보더니 피물 돈 내어 쓴다

할인

일이 성사되기도 전에 거기에서 나올 이익부터 생각하여 돈을 앞당겨 쓰는 것을 속담은 "너구리굴 보더니 피물 돈 내어 쓴다"라고 말한다. 피물皮物이란 짐승의 가죽을 말한다. 피물 돈을 내어 쓰는 사연은 다음과 같다. 속담의 주인공이 산속에 들어갔다가 너구리굴을 발견한다. 너구리를 잡으면 가죽을 팔아 돈을 벌 수 있다. 산에서 내려온 주인공은 피물전皮物廛에 찾아가서 아직 잡지도 않은 너구리 가죽을 가져다주기로 하고 돈을 빌린다. 너구리굴 보더니 피물 돈 당겨쓰는 것이다. 요즈음 말로 하면 할인이다.

할인

명절이 되면 가계는 물론 기업도 돈 쓸 곳이 많아진다. 자동차 부품회사를 경영하는 김 사장은 추석이 가까워지자 직원에게 월급과 명절 보너스 줄 돈이 모자라 발을 동동 구른다. 부품을 납품하고 대금을 받기는 했지만 현금이 아니라 90일짜리 어음으로 받은 것이다. 김 사장은 현금을 마련하기 위해 어음을 손에 들고 사무실을 나선다.

"최저금리로 할인해 드립니다."

어느 대부업체가 뿌린 전단지의 광고 내용이다. 김 사장이 찾아가는 곳은 바로 이 대부업체이다. 전단지의 광고에는 최저금리로 할인해 준다지만 막상 찾아가보니 적용하는 금리가 만만치 않다. 그는 상당한 금액을 선이자로 떼이고, 현금을 받아 쥐고 나온다.

김 사장처럼 만기가 되지 않은 어음이나 채권을 미리 팔면서 선이자를 공제하고 현금을 받는 것을 할인이라고 한다. 원래 채권에는 만기가 정해져 있어서 아직은 현금이 아니다. 만기 이전에 현금이 필요하면 만기까지 남은 기간의 이자를 공제하고 현금화시키는 수밖에 없다. 춘궁기에 돈 아쉬운 사람이 논에 서 있는 벼를 싼값으로 미리 파는 것과 같다. 금융기관과 거래하는 기업은 그래도 신용도가 좋은 기업이다. 신용도가 낮은 기업은 사설 대부업체 등 사금융시장을 찾아 할인한다. 사금융시장의 할인율은 공금융시장에 비해 매우 높다. 선이자를 많이 떼일 각오를 해야 한다.

재할인

은행은 할인해주고 받은 채권을 중앙은행에 가지고 가서 다시 할인받을 수 있다. 금융기관이 할인한 채권으로 중앙은행에서 다시 할인받는 것을 재할인이라고 한다. 중앙은행을 흔히 '은행의 은행'이라고 하는데, 그 이유는 재할인 등의 방식으로 은행에 돈을 빌려줄 수 있기 때문이다. 일반은행이 가계와 기업에 대출해주듯이 중앙은행은 재할인을 통해 일반은행에 대출을 한다. 이 때 적용하는 이자율을 재할인율이라고 한다.

중앙은행이 일반은행에 재할인을 해주면 시중에 돈이 나오게 된다. 즉 통화의 공급이 이뤄진다. 중앙은행은 재할인율을 인상하거나 인하하여 통화의 공급을 조절하고, 시중 통화량을 조절할 수 있다. 예를 들어 중앙은행이 재할인율을 인상하면 시중은행의 재할인이 감소하며, 시중은행은 가계와 기업에 대한 할인을 줄인다. 이는 통화 공급의 축소를 의미한다. 즉 시중 통화량이 감소한다. 반면에 재할인율을 낮추면 중앙은행의 재할인과 일반은행의 할인이 증가하여 시중의 통화량 증가를 가져온다.

할인제도는 미시적으로 보면 가계나 기업이 돈을 당겨쓰는 제도이고, 거시적으로 보면 시중 통화량을 조절하는 통화정책 수단이다.

할인: 만기가 되지 않은 채권을 이자를 공제하고 미리 파는 것.

재할인: 할인해 준 채권을 가지고 중앙은행에서 다시 할인 받는 것.

겟돈 타고 집안 망한다

사금융

인기 연예인이 나와 샹송 빠로레 빠로레(Paroles, paroles) 곡에 맞추어 '무이자, 무이자'를 흥얼거린 대부업체의 광고가 한동안 세간의 주의를 끌었다. 샹송 가수 달리다(Dalida)가 불러 세계적으로 유행했던 노래가 대부업체의 CM송으로 재탄생하여 히트한 것이다.

대부업체의 무이자 대출은 조건이 까다롭고 기간은 짧다. 무이자 기간 이외의 기간에 적용하는 이자율은 매우 높다. 더구나 대출이 개인 신용에 영향을 미칠 수 있다. 하지만 무이자 광고는 대출 조건의 함정이나 소비자에게 불리한 점은 축소하거나 알리지 않았다. 사정이 그러함에도 불구하고 소비자의 귓전에는 '무이자! 무이자!' 하는 달콤한 소리만 맴돈다. 결과는 엄청난 이자 부담이거나 신용불량자로의 추락인데도 말이다.

사금융

서민이 은행 등 공금융기관을 이용하기 어렵던 시절에 계가 성행했다. 일종의 사금융이었다. 계는 가입한 사람들이 매월 각각 정해진 금액을 내서 모아진 돈을 순서에 따라 타가는 민간의 적금이다. 계는 1번과 끝번이 유리하고 중간 번호는 불리하게 설계되어 있다. 모아진 돈을 맨 먼저 받는 1번과 매월 불입해야 하는 계금이 가장 적은 마지막 번호는 계장이나 계장 측근이 맡는 것이 관례이다. 문제는 곗돈을 타면 그 돈이 공돈 같아서 낭비하기 마련이라는 점이었다. 곗돈을 타서 흥청망청 다 써버린 사람은 계금을 넣기 위해 빚을 내야 했다. 그러니 "곗돈 타고 집안 망한다"라는 속담이 나올 수밖에 없었다.

사금융은 공금융에 비해 돈을 가져다 쓰기는 쉬운 반면에 금리가 매우 높다. 대부업자의 입장에서 볼 때 사채시장에서의 돈놀이는 떼일 염려가 많은 고위험 사업이다. 사채업자는 위험을 감안하여 높은 이자를 받는다. 연전에 금융감독원이 발표한 바에 의하면 사금융 피해자들이 부담한 금리 평균이 연 251%에 달했다. 사설 대부업자가 1년 이자로 원금의 2배 반을 받아낸 것이다. 어느 대부업자는 1,440%의 금리로 이자를 받기도 했다. 금리가 1,440%라는 것은 이자로 원금의 14배 이상을 받아냈다는 얘기다. 이러한 사채시장에 한번 말려들면 빚을 갚기 위해 금리가 더 높은 빚을 얻어야 하기 때문에 헤어나기 어렵다.

빚지면 문서 없는 종 된다

결혼식에 가보면 주례 선생님이 가끔 러시아 속담을 인용한다.

"싸움터에 나갈 때는 한 번 기도하시오, 바다에 나갈 때는 두 번 기도하시오, 그리고 결혼할 때는 세 번 기도하시오."

은행장이 주례라면 아마 다음 말을 덧붙일 것이다.

"사채를 쓸 때는 네 번 기도하시오."

우리 조상들은 사채시장에서 거래되는 고리채의 무서움을 알고 있었기에 '빚지면 문서 없는 종이 된다'고 가르쳤다. 그러나 많은 사람들이 처음에는 손쉽게 돈을 빌려주는 사금융에 빠져서 높은 이자율에 시달리거나, 신용불량자로 전락하기도 한다. 사금융시장의 매력은 돈을 쉽게 빌릴 수 있다는 점이다. 하지만 빛깔 아름다운 버섯에 독이 있듯이, 쉽게 빌리는 돈은 이자가 비싸고 갖가지 불리한 조건이 붙어 있다. 불법 사금융을 이용하는 사람은 대개 신용등급은 낮고 급전이 필요한 사람이다. 울며 겨자 먹기로 불리한 조건을 수락하고 돈을 빌리면 눈덩이처럼 불어나는 살인적인 이자에 시달린다. 곗돈 타고 집안 망한다는 속담은 오늘의 세태를 꿰뚫어 보는 조상들의 지혜이다.

공금융시장: 금융기관을 통해 거래가 이루어지는 시장.

사금융시장: 금융기관을 통하지 않고 거래가 이루어지는 사적인 시장.

고리채: 비싼 이자로 얻은 빚.

아랫돌 빼어 윗돌 괴기

돌려막기와 폰지금융

우리나라 속담에 "아랫돌 빼어 윗돌 괴기"라는 말이 있다. 근본적인 것은 고치지 않고 다급한 처지를 모면하기 위해 이리저리 둘러맞추는 임시변통 행동을 아랫돌 빼어 윗돌 괸다고 한다.

카드 돌려막기

돈줄이 막힌 사람은 궁여지책으로 카드 돌려막기를 한다. 신용카드 대금을 결제하지 못하는 경우에 다른 카드에서 현금서비스를 받아 갚는 것이다. 카드 돌려막기는 대개 한 번으로 끝나지 않는다. 돌려막기가 계속되면 대출 원금은 점점 커지고, 이자조차 감당하지 못하는 처지가 된다. 더구나 현금 서비스는 수수료가 붙고 이율이 일반 대출보다 훨씬 높다. 빚의 규모가 커지고 돌려막기마저 불가능한 상황이 오면 신용불량자 신세가 된다.

정부나 공기업도 돌려막기를 하곤 한다. 4대강 사업을 맡았던 한국수자원공사는 사업을 위해 6조 7천억 원어치의 채권을 발행했다. 그런데 채권의 만기가 다가와도 부채는 늘어가기만 할 뿐 갚을 자금이 없었다. 결국 수자원공사는 만기 채권 중 상당 부분을 신규 채권을 발행하여 상환하였다. 만기가 돌아오는데 갚을 돈이 없으면 흔히 채권 돌려막기를 하는 것이다. 공기업은 부채가 많아도 신용등급이 높아 CP 발행에 유리하기 때문에 주로 CP 발행을 통해 채권 돌려막기를 한다. 2013년도에 주요 공기업은 약 80조 원에 가까운 CP를 발행했다. 이 중 상당 부분이 돌려막기에 사용되었다. 돌려막기는 근본적인 해결은 아니다. 오히려 그 동안에 부채 규모는 커지기만 한다.

폰지금융

돌려막기를 금융기법으로 이용하는 것을 폰지금융이라고 한다. 1920년대 초 찰스 폰지(C. Ponzi)는 자기에게 돈을 맡기면 시중금리보다 높은 금리를 지급하겠다는 광고를 신문에 냈다. 많은 시민들이 높은 금리에 끌려 거액의 돈을 맡겼다. 만기가 되자 지난번에 제시한 금리보다 더 높은 금리를 주겠다는 광고를 냈다. 조달한 자금으로 처음에 돈을 맡긴 사람들에게 원금과 이자를 지불했다. 폰지는 이러한 방식을 계속 반복했지만 마침내 시민들이 이 수법을 눈치 채고 더 이상 돈을 맡기지 않게 되자 파산하고 말았다.

어수룩한 시대에나 일어나던 폰지금융 사기가 21세기에, 그것도 세계 첨단 금융의 본산지인 뉴욕의 월 스트리트에서 일어났다. 2008년 나스닥 증권거래소 위원장을 지낸 매이도프(B. Madoff)가 폰지금융 사기를 벌인 것이 들통 난 것이다. 메이도프는 자기의 신용을 바탕으로 신규 자금이 들어오면 기존 투자자에게 수익금을 지급하는 전형적인 폰지금융 수법을 사용했다. 단 하나 다른 점은 일반 폰지금융 사기처럼 턱없이 높은 수익률을 제시한 것이 아니라 시중의 일반 수익률보다 약간 높은 수익률을 지급하면서 오히려 신뢰를 쌓아간 점이다. 일부 투자자가 환매를 요청하면 곧바로 지급해주기도 했다. 하지만 금융위기가 닥치고 투자자들이 일시적으로 환매를 요청하자 자금이 바닥나면서 사기가 드러나 버렸다.

요즈음 세상에 어떻게

매이도프 사건이 보도되었을 때 사람들의 첫 번째 반응은 "요즈음 세상에 어떻게 그런 일이 일어날 수 있나요?"였다. 폰지금융 사기극을 벌인 매이도프는 재판 과정에서 법정구속을 당하며 150년형을 선고받았다. 매이도프에게 걸려든 유명한 인사로는 영화감독 스티븐 스필버그, 헨리 키신저 전 국무장관 등이 있다. 메이도프는 이들 유명인의 이름을 이용하여 계속해서 투자자를 끌어들였던 것이다. 요즈음 세상에도 폰지 사기는 일어난다.

폰지금융: 신규 투자자의 돈으로 기존 투자자에게 이자를 지급하는 금융사기.

산딸기 밑에는 뱀이 있다

위험

우리가 주식이나 채권을 구입하는 것은 수익을 올리기 위해서이다. 그런데 주식이나 채권에는 수익만 있는 것이 아니라 위험도 내포되어 있다. "산딸기 밑에는 뱀이 있다"라는 속담이 있다. 아름다운 장미에 가시가 있듯이, 탐스럽게 익은 산딸기 밑에는 뱀이 도사리고 있다. 장미와 산딸기를 즐기려면 가시와 뱀을 조심해야 한다.

위험(risk)

바사니오는 포오샤에게 구혼하기 위한 자금을 마련하기 위해서 유대인 대금업자인 샤일록을 찾아간다. 그는 돈을 빌려달라고 하면서 안토니오가 보증을 설 것이라고 말한다. 샤일록은 안토니오의 이름을 듣자 비아냥거린다. "지금 그 분의 배 한 척은 트리폴리로, 또 한 척은 서인도로 가고 있고, 세 번째 배는 멕시코로, 네 번째 배는 영국으로 가고 있지요. 그런데 바다를 믿을 수가 있어야지요. 배란 판자조각에 불과한 것이고 물 도둑이 득실거리죠. 해적이 있다는 말이죠. 게다가 태풍에 암초의 위험까지 있고."

셰익스피어의 《베니스의 상인》 중 한토막이다. 샤일록은 안토니오의 보증을 인정할 수 없다고 거절한다. 안토니오의 재산은 바다에 있어서 가치가 불확실하다는 것이다. 안토니오의 재산처럼 '수익 실현 여부가 불확실한 상황'을 위험이라고 한다.

2008년에 발생한 글로벌 금융위기는 금융시장에서의 위험을 잘 보여준 사건이다. 금융위기는 미국의 주택시장에서 시작되었다. 비우량주택 저당대출로 재미를 보며 한창 잘 나가던 주택시장이 냉각되자 일차로 주택저당증권이 부실채권이 되고, 이어서 주택저당증권을 기초로 발행한 다른 채권이 연쇄적으로 부실채권이 된 사건이 금융위기의 본질이다. 당시 주택시장에 뛰어든 투자자들은 수익에 눈이 멀어 위험은 보지 못했다. 수익과 위험을 동시에 볼 줄 알아야 하는 것이 투자자의 기본임에도 그들은 수익 한쪽만 본 것이다.

기대수익

주가는 상승하기도 하고 하락하기도 한다. 주식 투자자는 주가의 등락에 따라 수익을 올리거나 손실을 입을 수 있다. 경우에 따라 주식 발행기업의 도산으로 주식이 휴지조각이 되어 돈을 모두 날리기도 한다. 채권 투자도 마찬가지다. 원래 채권은 자금조달의 수단으로 발행된다. 채권 발행자는 돈을 빌리는 사람이고, 채권 구입자는 자금을 제공하는 사람이다. 채권 구입자는 자금 제공 대가로 이자를 받는다. 채권은 발행되면 상품처럼 거래된다. 채권의 가격은 시중 자금 사정이나 채권을 발행한 기업의 신용도에 따라 오르내려서 보유자에게 차익 또는 손실을 안긴다. 발행자가 파산하면 이자와 원금 모두를 날리기도 한다.

주식이나 채권의 수익처럼 그 달성 여부가 불확실해서 확률에 의존하는 수익을 기대수익이라고 한다. 기대수익은 위험을 내포한 확실치 않은 수입을 말한다.

"전답을 사도 물소리 들리는 곧은 피하라"라는 속담이 있다. 근방에 급류가 있어서 물소리가 나는 곳의 논밭은 홍수 피해를 볼 염려가 있으니 사지 말라는 권고다. 위험을 피하기 위해 장치를 하거나 거래를 하는 것을 헤지라고 한다. 헤지 방법으로는 포트폴리오가 있다. 위험을 줄이기 위해서 여러 종목에 나누어 투자하는 것을 포트폴리오라고 한다. 우리 조상은 말한다.

"계란을 한 바구니에 담지 말라."

위험: 수익 실현 여부가 불확실한 상황.

기대수익: 달성 여부가 불확실해서 확률에 의존하는 수익.

헤지: 위험을 피하기 위해 하는 장치나 거래.

사고팔고는 엿장수 마음이다

옵션(option)

시골 동네에 가위를 철컥거리며 엿장수가 오면 아이들은 헌 고무신이나 구멍 난 양은 냄비를 들고 나가 엿과 바꾸어 먹었다. 엿장수는 아이들이 들고 온 물건을 보고서 눈짐작으로 가격을 매긴 다음 널찍한 엿판에서 엿을 떼어 주었다. 어린아이가 가지고 나온 헌 물건의 값어치를 판단하거나, 엿을 얼마나 떼는지를 결정하는 것도 엿장수 마음이었다. 그래서 "사고팔고는 엿장수 마음"이라는 속담이 나왔다.

옵션

오늘날에도 '엿장수 마음대로'가 통하는 거래 방식이 있으니 바로 옵션이다. 옵션(option)의 사전적 의미는 선택권이다. 선택권을 상품 거래에 응용한 것이 옵션이다. 옵션거래는 상품이나 유가증권 등을 미리 정한 가격으로 일정한 시점에 매매하기로 약속하고, 정해진 기한이 되면 구입하거나 판매할 수 있는 권리를 행사하게 하는 계약이다. 옵션권을 쥔 쪽이 사거나 팔 권리를 가진다. 옵션거래에서 미리 정한 가격을 약정가격 또는 행사가격이라고 한다.

옵션 중에서도 상품 구입권을 가지는 계약을 콜옵션(call option), 판매권을 가지는 계약을 풋옵션(put option)이라고 한다. 옵션권을 갖기 위해서는 프리미엄을 미리 내야 한다. 프리미엄을 지불하고 옵션권을 매입한 사람은 상품을 구입하거나 판매할 수 있는 권리를 갖는다. 콜옵션을 쥐면 구입하거나 구입하지 않을 권리를, 풋옵션을 쥐면 판매하거나 판매하지 않을 권리를 가진다. 유리할 경우에는 권리를 행사하고, 불리한 경우에는 행사하지 않는다. 자기 맘이다. 반면, 옵션 매도자는 프리미엄을 미리 받아먹은 죄(?)로 코가 꿰여서 옵션 매입자가 하자는 대로 해야 한다. 옵션을 쥔 사람이 사겠다면 팔아야 하고, 팔겠다면 사야 한다.

콜옵션과 풋옵션

어느 해 김장배추 밭떼기로 중간상인이 큰 손해를 본다. 한 마지기 당 50만 원씩 주기로 선물 계약을 해두었는데 가격이 20만 원으로 폭락한 것이다. 계약대로 50만 원에 사느라 마지기 당 30만 원의 손해를 본 중간상인이 다음 해에는 색다른 제의를 한다. 한 마지기 당 5만 원을 프리미엄으로 미리 줄 테니 50만 원에 계약을 하되, 구입하거나 구입하지 않는 권리를 자기가 쥐겠다는 것이다. 농부는 5만 원을 받고 수용한다. 이 계약이 콜옵션이다. 그해 가을, 배추 값이 한 마지기 당 70만 원에 시세가 형성된다. 콜옵션 계약이 없었다면 농부는 시장에서 마지기 당 70만 원을 받을 수 있다. 하지만 프리미엄을 받고 코를 꿰인 농부는 계약대로 50만 원에 팔아야 한다.

콜옵션으로 손해를 본 농부, 다음해에는 중간상인에게 반대의 제안을 한다. 프리미엄으로 5만 원을 줄 테니 팔고 안 팔고는 자기 마음대로 하겠다고.—그 계약이 풋옵션이다. 그 해 가을, 농부의 예상대로 배추 값이 폭락해서 마지기 당 겨우 20만 원대에 거래된다고 하자. 농부는 50만 원에 팔 권리를 쥐고 있다. 이번에는 중간상인이 코에 꿰여서 50만 원을 주고 배추를 사야 한다. 풋옵션 계약이 없었다면 시장에서 마지기 당 20만 원에 살 수 있는 데도 말이다.

밭떼기는 채소나 곡물이 밭에 심어져 있는 상태로 사고파는 매매라는 점에서 선물거래이다. 선물은 가격변동 위험을 피하려는 사람과 위험을 이용해서 돈을 벌려는 사람이 만날 때 이뤄진다.

선물과 옵션을 파생상품이라고 한다. 다음 장에서 설명하는 스와프도 파생상품의 일종이다.

옵션 : 상품을 미리 정한 가격으로 매매할 권리를 가지는 거래.

콜옵션 : 옵션거래에서 구입권을 갖는 거래.

풋옵션 : 옵션거래에서 판매권을 갖는 거래.

선물거래 : 현재 계약하되 상품은 나중에 인도되는 방식의 거래.

누이 좋고 매부 좋고

스와프(swap)

서로 다른 자동차회사에 근무하는 두 친구가 있다. 자동차회사는 자사 직원이 자동차를 구입하면 할인해 주는 제도를 시행하고 있는데 공교롭게 그들은 서로 자기 회사 차가 아닌 친구 회사의 자동차를 사고 싶어 한다. 고민하던 친구가 무릎을 치며 말한다.

"그럼 각자 자기 회사의 자동차를 사서 서로 바꿔서 타면 어때?"

두 친구가 각각 자기 회사에서 자동차를 할인하여 구입한 다음, 차액을 청산하고 교환해서 사용하면 사고 싶은 차를 값싸게 살 수 있어 서로에게 득이 된다. 속담대로 "누이 좋고 매부 좋고"이다.

스와프

두 사람이 할인 구입이 가능한 쪽에서 차를 구입한 다음 교환해서 사용하면 서로에게 이득이 되는 것처럼, 상품과 거래 조건을 교환함으로써 서로 이득을 얻는 계약을 스와프(swap)라고 한다. 스와프의 원 뜻은 교환이다. 스와프는 두 나라가 각각 비교우위가 있는 품목을 생산하여 교환하는 무역 원리와 비슷하다. 원래 무역은 생산에 유리한 품목을 각각 생산한 다음 이를 교환해서 사용하는 것이다. 물물교환도 일종의 스와프이다.

스와프 거래는 주로 금융시장에서 활발하게 이루어지고 있다. 금융스와프에는 금리스와프, 통화스와프 등이 있다. 금리스와프란 두 차입자가 각각의 차입금에 대한 이자 지급 조건을 서로 교환해서 부담하기로 하는 계약이다. 스와프는 두 차입자가 각각 서로 다른 시장에서 유리한 조건으로 차입할 수 있는 경우에 이루어진다. 차입자들은 각각 우위에 있는 시장에서 자금을 차입한 다음, 그 금리와 지급조건을 서로 교환하여 사용한다.

A와 B 두 기업이 있는데 각각 자금을 차입하려 한다. 기업 A는 고정금리로 자금을 쓰고 싶은데 차입 조건은 변동금리로 쓰는 것이 유리하다. 기업 B는 변동금리로 쓰고 싶은데 차입조건은 고정금리로 쓰는 것이 유리하다. 이 경우 각각 차입이 유리한 쪽에서 자금을 차입하고, 이를 교환해서 사용하면 누이 좋고 매부 좋은 결과를 얻는다. 즉 기업 A는 변동금리로 자금을 차입하고, 기업 B는 고정금리로 차입한 다음 서로 바꾸어서 자금을 사용하는 것이다.

통화스와프

통화스와프는 두 기업이 구입하고자 하는 통화가 서로 다르고 한 통화의 구입에 비교 우위가 있는 경우에 각각 유리한 통화를 구입한 뒤 이를 바꿔 사용하는 것을 말한다. 즉 엔화가 필요하지만 달러 구입에 비교 우위가 있는 기업 A와, 달러가 필요하지만 엔화 구입에 비교 우위가 있는 기업 B 사이에 통화스와프가 이뤄질 수 있다. 기업 A는 달러를 값싸게 구입하고 기업 B는 엔화를 값싸게 각각 구입한 다음 바꾸어서 A가 엔화를 사용하고 B가 달러를 사용하면 서로 이익이다.

통화스와프는 국가 간에도 이루어진다. 국가 간 통화스와프란 거래 해당국 중앙은행이 보유 중인 자국 통화를 상대국 통화와 맞바꾸는 것을 말한다. 우리나라도 미국, 중국 등과 통화스와프 계약을 맺고 있다. 미국과는 글로벌 금융위기 당시 300억 달러 규모로 통화스와프 계약을 맺었다. 외환보유고가 300억 달러 증가한 것과 같은 효과를 가져다준 것이다. 통화스와프를 체결하면 해당 국가 통화를 꺼내 쓰는 마이너스 통장을 가진 셈이 된다. 미국과의 통화스와프는 당시 금융위기로 흔들리던 외환시장을 안정시키는데 실질적, 심리적 도움이 되었다.

스와프: 상품과 거래 조건을 교환하여 사용하기로 하는 계약.

금리스와프: 금리 지급 방식을 바꾸는 스와프.

통화스와프: 통화를 차입하여 서로 바꿔 사용하는 거래.

범 피하려다
호랑이 만난다

파생금융상품과 키코(KIKO)

대학의 경상계열 학과는 문과에 속한다. 그런데 전공과목을 공부하다보면 의외로 수학이 많이 나온다. 수학을 피해 문과를 택했던 학생들인지라 수학이 나오면 당황해 한다. 웃으며 말한다.

"수학 무서워서 문과를 택했는데 수학이 나와서 당황했지요? 그걸 보고 '범 피하려다 호랑이 만난다'라고 한답니다."

범이 곧 호랑이다. 같은 의미의 단어를 사용하여 애써 하나의 난관을 피했는데 또 다른 난관을 만나는 것을 표현한 속담이다.

키코(KIKO)

수출기업은 환율이 오르면 같은 상품을 수출하더라도 더 많은 돈을 번다. 1달러에 1,000원하던 환율이 1,100원으로 오르면 수출 1달러 당 100원을 더 번다. 환율이 하락하면 반대의 현상이 일어난다. 환율이 900원으로 하락하면 1,000원 벌던 것이 900원으로 줄어든다. 환율의 상승은 수출기업에 호재이고 하락은 악재이다. 환율이 하락할까봐 걱정하는 기업에 은행이 찾아와서 신상품에 가입하면 환율이 하락하더라도 달러를 높은 값에 사주겠다고 제의한다. 신상품의 이름은 키코(KIKO)이다.

키코 계약의 기본 구조는 풋옵션과 콜옵션의 결합이다. 키코 계약으로 기업은 풋옵션을, 은행은 콜옵션을 쥔다. 환율이 하락하면 기업은 풋옵션을 행사해서 미리 정해둔 비싼 값에 달러를 팔 수 있다. 하지만 환율이 대폭 하락해서 하한선 아래로 내려가면 녹아웃(knock out)이 돼서 계약이 무효화된다. 키코는 영어 녹 인(knock in)과 녹아웃의 첫 글자를 따서 만든 조어이다. 녹아웃은 계약의 종료를, 녹 인은 덫에 걸려드는 것을 뜻한다.

덫: 녹 인(knock-in)

무서운 것은 은행이 콜옵션을 쥔 녹 인(knock-in)이다. 계약 후 환율이 예상과 달리 대폭 상승하여 녹 인 한도를 넘어선다 하자. 기업은 비싼 달러를 사다가 계약 시 약정한대로 낮은 가격으로 은행에 팔아야 한다. 환율이 오르면 달러를 싼 값에 살 수 있는 콜옵션을 은행이 쥐고 있기 때문이다. 수출기업이 달러를 은행에 팔 권리는 녹아웃 조항으로 인해 제한적인 반면, 녹 인 때 은행이 갖는 권리는 무한대이다. 녹 인이라는 말 그대로 덫이 있는 계약이다. 키코는 이처럼 환율이 약간 내려가는 경우에만 기업이 이득을 얻을 수 있을 뿐, 크게 이득을 얻을 수 있는 구간에서는 무효화 되고, 만약 환율이 대폭 오르면 큰 손해를 보도록 설계되어 있다. 녹아웃과 녹 인, 두 함정이 양쪽에 도사리고 있는 것이다.

호랑이를 만나다

덫은 2008년에 실제로 나타났다. 금융위기로 환율이 뛰어오르자 하락을 예상하고 키코에 가입한 기업이 큰 손실을 입은 것이다. 수출이 잘 되어 달러를 많이 번 기업마저 큰 손해를 보고 흑자도산을 겪었다. 피해자는 대부분 영세한 중소기업이었다.

키코는 금융공학의 산물이다. 금융공학은 수학과 통계학을 이용해 시장을 분석하고 상품을 만들어내는 기법이다. 금융기관 소속의 금융공학 전문가가 상품을 개발할 때 누구에게 유리하도록 만들까? 당연히 금융기관이다. 그들이 투자자에게 건네는 사과에는 독이 묻어 있다. 불완전 판매가 잦다. 상품의 기본 구조와 투자 위험성을 제대로 안내하지 않고 판매하는 것이다. 금융공학자들은 지금도 기상천외한 파생상품을 만들고 있다.

키코: 환율 상단과 하단을 정해 놓고 약정환율로 외화를 거래하는 금융상품.

불완전판매: 상품의 위험성을 제대로 안내하지 않고 판매하는 행위.

없는 놈에게는 외상도 밑천이다

공매도

2018년 봄 증권시장에 황당한 금융사고가 일어났다. 삼성증권의 우리사주 배당 과정에서 현금으로 줄 것을 주식으로 준 실수가 나온 것이다. 주식을 받은 직원 중 일부는 그 주식을 시장에 내다 팔았고, 한꺼번에 매물이 쏟아져 나온 통에 삼성증권의 주가는 10% 가량 폭락했다. 아직 발행되지도 않은 주식을 내다 팔아 시장을 흔든 것이다. 없는 것도 팔아서 돈을 버는 곳이 오늘의 금융시장이다.

어느 저명한 유대인의 장례식에 신부, 목사, 율법사가 참석하였다. 율법사가 신부와 목사에게 조의금으로 100달러씩 내자고 제안하였다. 목사와 신부는 각각 100달러를 꺼내 관 위에 얹었다. 그러자 율법사는 수표책을 꺼내어 300달러라고 써서 관 위에 놓고, 대신 현금 200달러를 자기 지갑에 담았다. 죽은 사람이 수표를 제시할 수 없을 것이니, 율법사는 간단히 200달러를 챙겨 넣은 것이다.

역시 금융의 귀신이라는 유대인이다. "없는 놈에게는 외상도 밑천이다"라는 속담이 있다. 금융제도를 교묘히 이용하면 율법사처럼 무에서 유를 창출할 수 있다. 공매도가 그렇다.

공매도

보유하지 않은 주식을 빌려다 파는 것을 공매도空賣渡라고 한다. 어떤 특정한 주식의 가격이 하락할 것으로 예상되면 그 주식을 빌려다 팔고, 주식 가격이 하락한 다음 사들여 갚아서 차액만큼 이익을 얻는 기법이다. 공매도는 다음과 같이 이뤄진다.

A회사 주식이 현재 2만 원에 거래되고 있다. 이 주식의 가격이 하락할 것이라고 예상하는 투자자가 A회사 주식을 빌려다 2만 원에 판다. 그 후 해당 주식 가격이 예상대로 떨어져서 1만 5천 원이 되었다고 하자. 투자자는 1만 5천 원을 주고 주식을 사다가 갚는다. 공매도로 주당 5천 원의 차익을 남긴 것이다. 단, 예상과 달리 해당 주식의 가격이 상승하면 비싸게 사서 돌려주어야 한다.

주식시장의 큰 손이나 유명 투자자가 공매도에 나서면 해당 종목의 주가가 떨어질 것이라는 신호가 되어 실제로 주가를 하락시킨다. 우리나라에서는 2008년 금융위기 당시 공매도가 주가 하락을 부추

졌고, 관계 당국은 한시적으로 공매도를 금지시켰다.

검은 수요일

검은 수요일이라고 불리는 1992년의 파운드화 폭락 사건의 주역은 공매도이다. 1990년대 초 통일을 이룬 독일은 낙후된 동독 지역을 발전시키기 위해 엄청난 양의 마르크화를 공급했다. 통화 팽창으로 인플레이션이 일어나자 금리를 인상했다. 당시 조지 소로스(G. Soros)는 영국 파운드화의 가치가 독일 마르크화에 비해 낮아진 것을 알아챘다. 하지만 영국은 유럽 환율규약을 지켜 마르크화와의 환율을 그대로 유지했다. 파운드화가 고평가된 것이다.

소로스는 곧 파운드화 가치가 하락하리라 예상하고 자신이 보유하고 있던 파운드화를 팔아치울 뿐만 아니라 빌려다 파는 공매도까지 감행했다. 파운드화 가치가 계속해서 하락하자 영국은 보유 외환을 동원해서 가치 방어에 나섰지만 보유 외환이 바닥나버렸고, 나중에야 파운드화의 평가절하를 용인했다. 그날이 1992년 9월 16일 수요일이었다. 가치가 하락하기 전에 자신의 보유분과 빌려온 파운드화를 팔아넘긴 소로스는 거액의 차익을 남겼고, '영국 중앙은행을 무너뜨린 사나이'라는 별명을 얻었다.

공매도: 주식을 빌려다 팔고 나중에 그 주식을 사서 갚는 거래.

7

소득불평등_

부잣집 나락이 일찍 팬다

조록싸리 피면 남의 집에 가지 말랬다: **춘궁기**, 부자 하나에 세 동네 망한다: **소득불평등지표, 엣킨슨 지수**, 배고픈 건 참아도 배 아픈 건 못 참는다: **상대적 빈곤**, 재주는 곰이 넘고 돈은 호인이 먹는다: **경제적 지대**, 굴러온 돌이 박힌 돌 빼 낸다: **젠트리피케이션**, 부잣집 나락이 일찍 팬다: **부익부빈익빈**, 가난한 집에 제사 돌아오듯: **빈곤의 악순환**, 흉년에 죽 쑤면 어른도 한 그릇 아이도 한 그릇: **최저임금제**, 개 잡아먹다가 동네 인심 잃고 닭 잡아먹다가 이웃 인심 잃는다: **소득재분배**

조록싸리 피면 남의 집에 가지 말랬다

춘궁기

우리 속담에 "조록싸리 피면 남의 집에 가지 말랬다"라는 말이 있다. 조록싸리는 콩과의 식물로 6월경에 분홍색 꽃이 핀다. 그런데 왜 조록싸리 꽃이 피면 남의 집에 가지 말라고 했을까? 그것은 조록싸리 꽃이 피는 시기가 춘궁기이기 때문이다.

춘궁기

춘궁기란 봄에 양식이 떨어져서 궁한 시기를 말한다. 봄이 끝나가면서 조록싸리 꽃이 필 무렵이면 지난 가을에 수확한 양식은 바닥이 나고 보리는 미처 여물지 않아서 먹을 것이 없는 춘궁기가 닥친다. 아직 보리가 익지 않았다고 해서 춘궁기를 보릿고개라고도 한다. 옛날 우리 농촌에서는 봄에는 보리농사를, 가을에는 벼농사를 지었다.

그래서 여름에는 보리를 먹고, 가을부터 이듬해 봄까지는 쌀을 먹으며 살았다. 그런데 보리 수확 후 벼가 나오기까지는 약 4개월을 기다리면 되었지만, 벼 수확 이후 보리가 나오기까지는 8개월을 기다려야 했다. 대부분의 가난한 농가에서는 봄마다 먹을 쌀이 떨어져서 보리 익기를 기다리며 초근목피로 배고픔을 달래야 했다.

춘궁기 때는 너나없이 모두가 굶주리고 있기 때문에 남의 집에 가서 폐를 끼치지 말라는 것이 이 속담의 뜻이다. 비슷한 속담으로 "미나리 꽃 필 때는 딸내미 집에도 가지 마라"라는 말도 있다. 미나리 꽃도 6월경 춘궁기에 핀다. 미나리 꽃 필 무렵, 집에 먹을 것이 없는 딸내미 집에 친정아버지가 오셨다고 하자. 대접할 것도 없는 그 딸은 얼마나 안타까울 것인가.

환곡제(還穀制)

백성은 늘 가난하다. 흉년으로 가난하고, 군역과 세금을 바치느라 가난하다. 백성이 못 먹으면 정부도 힘이 없어진다. 고구려시대부터 한반도 역대 정부는 다양한 구휼제도를 가지고 있었다. 조선시대 환곡제가 그 중 하나이다. 흉년이나 춘궁기에 빈민에게 곡식을 대여하고 추수기에 이자를 붙여서 환수하는 제도를 환곡제라고 한다. 흉년이 들면 곡식을 나누어주되 갚을 능력이 없는 사람에게는 무상으로 주고, 반환 능력이 있는 사람에게서는 가을에 10% 정도의 이자를 붙여 받았다. 좋은 뜻으로 출발한 환곡제도는 나중에 정부의 세

원稅源 기능을 하면서 농민을 수탈하는 도구로 전락하고 말았다. 특히 지방 관아에서 이자를 높여 받고, 곡식에 모래나 겨를 섞는 등 부정부패가 심했다. 조선 중기 이후 민란은 환곡제의 폐해에서 발생하는 경우가 빈번했다.

무서운 색갈이

봄에 가난한 집 쌀독이 비면 찾아가는 곳이 동네 부잣집이다. 색갈이를 얻으러 가는 것이다. 색갈이란 춘궁기에 묵은 곡식을 꾸어다 먹고서 가을에 수확한 햇곡식으로 갚는 현물 빚을 말한다. 묵은 쌀을 꾸어다 먹고 새 쌀로 색을 바꾸어 갚는다고 해서 색갈이라는 이름이 붙었다. 색걸이, 장리長利 또는 장리쌀이라고도 한다.

민간 부문의 환곡제인 셈이다. 색갈이에는 무서운 이자가 붙었다. 봄에 빌려다 먹고 가을에 갚을 때 단 6개월 만에 50%의 이자를 내야 했다. 만약 그해 가을에 갚지 못하면 다음 해 가을에 복리로 이자를 쳐서 갚아야 했다. 쌀 몇 가마니 빌려다먹고 몇 년 갚지 못하면 밭이 넘어가고 논이 넘어갔다. 일제 강점기에 농촌을 소재로 한 글에는 색갈이 이야기가 자주 등장한다. 색갈이마저 얻을 수 없는 사람들은 산과 들에 나가 구한 구황식품으로 연명했다.

춘궁기: 봄에 양식이 떨어져서 궁한 시기.

환곡제: 흉년에 곡식을 대여하고 가을에 받는 국가의 구휼 제도.

색갈이: 봄에 쌀을 빌려다 먹고 가을에 50%의 이자를 붙여 갚는 빚.

부자 하나에 세 동네 망한다

소득불평등지표, 엣킨슨 지수

소득은 절대적 크기도 중요하지만, 어떻게 나누어 가지는가도 중요하다. 한정된 소득을 나눌 때, 한 사람이 많이 가져가면 다른 사람의 몫은 적어진다. "부자 하나에 세 동네가 망한다"라는 속담이 있다. 부자 하나가 생기면 세 동네가 가난해진다는 것이다. 농토와 곡식 생산량은 한정되어 있는데 한 사람이 많이 가지면 다른 사람의 몫은 줄어들 수밖에 없었다.

엣킨슨 지수

부와 소득이 어떻게 분배되는가는 그 사회가 누리는 복지 수준을 알아보는 척도가 된다. 소득분배의 불평등한 정도를 알아보는 척도를 소득불평등지표라고 한다. 10분위분배율, 소득5분위배율, 로렌츠곡선, 지니계수, 엣킨슨 지수 등이 소득불평등지표이다. 이 중 엣킨슨 지수는 '부자 하나에 세 동네 망한다'라는 속담과 의미가 통하는 지수이다. 열 가구가 모여 사는 어떤 동네가 있다 하자. 그 중 한 가구는 연 10억 원의 소득을 올린다. 나머지 아홉 가구는 소득이 없다. 이 동네 평균소득은 1억 원이나 되지만 동네 사람들의 행복지수는 높지 않을 것이다. 이를테면, 평등하게만 분배된다면 가구 당 2천만 원씩만 소득을 올려도 불평등한 1억 원 동네와 대등한 후생을 누릴 수 있을 것이다.

이 예에서 평등하게 분배된 동네의 평균소득 2천만 원을 엣킨슨(A. B. Atkinson)은 "균등분배 대등소득"이라고 불렀다. 즉 '불평등분배된 평균 1억 원 동네의 후생수준=평등분배된 평균 2천만 원 동네의 후생수준'일 때의 2천만 원을 균등분배 대등소득이라고 명명했다. 엣킨슨은 소득이 평등하게 분배될수록 현실의 평균소득과 균등분배 대등소득의 차이가 작을 것이라 생각했다. 이러한 생각을 토대로 만든 불평등지표가 엣킨슨 지수이다. 엣킨슨 지수는 소득이 평등하게 분배되어 있다면 0에 가깝고, 불평등하다면 1에 가까운 값을 가진다.

그 외 소득불평등지표

후생수준의 크기는 객관적으로 측정하기가 어렵다. 애초에 후생이라는 것이 주관적인 개념이다. 엣킨슨 지수는 소득불평등 정도를 잘 말해주지만 측정하기는 어렵다.

가장 널리 사용되는 소득불평등지표는 10분위분배율이다. 10분위분배율은 하위 40%의 소득액을 상위 20%의 소득액으로 나누어서 얻는 지수이다. 이론상으로 10분위분배율은 0에서 2까지 나올 수 있다. 10분위분배율은 클수록 소득이 평등하게 분배되고 있다는 것을 나타낸다. 0은 완전불평등 분배를, 2는 완전평등 분배를 나타낸다. 소득5분위배율은 상위 20%의 소득을 하위 20%의 소득으로 나누어서 얻는 지수이다. 소득5분위배율은 상하 동일한 20%의 소득을 비교해서 부자의 소득이 가난한 자 소득의 몇 배인가를 직관적으로 알 수 있게 해 준다.

로렌츠곡선은 국민 전체의 소득분배 상태를 인구 누적비율과 소득 누적비율의 관계로 전환하여 그림으로 나타낸 것이다. 로렌츠곡선은 대각선에 가까울수록 소득분배가 평등에 가까우며, 대각선에서 멀리 떨어져 있을수록 불평등하다는 것을 나타낸다. 지니계수는 로렌츠곡선이 나타내는 반달 모양의 면적을 수치화시킨 것이다.

소득불평등지표: 소득이 얼마나 불평등하게 분배되어 있는가를 알아보는 척도.

균등분배 대등소득: 소득은 높지만 불평등분배 된 사회와 저소득이지만 평등분배 된 사회의 후생 정도가 같다고 할 때 저소득 사회의 평균소득 수준.

10분위분배율: 하위 40%의 소득을 상위 20%의 소득으로 나누어 얻는 지수.

소득5분위배율: 상위 20%의 소득을 하위 20%의 소득으로 나누어 얻는 지수.

배고픈 건 참아도
배 아픈 건 못 참는다

상대적 빈곤

독일의 문호 괴테는 '눈물 젖은 빵을 먹어보지 못한 사람과는 인생을 이야기하지 말라'고 했다. 배고픈 서러움을 모르는 사람은 인생을 안다고 할 수 없다. 그런데 살다보면 배고픈 것보다 더 서러운 것이 있다.

배고픈 건 참아도

우리 속담에 "배고픈 건 참아도 배 아픈 건 못 참는다"라는 말이 있다. 이 속담은 '사촌이 논을 사면 배가 아프다'라는 속담을 교묘하게 이용하고 있다. 내가 배고픈 이유는 가난해서이고, 배가 아픈 이유는 나는 가난한데 이웃은 잘 살기 때문이라는 것이다. 그렇다. 원래 상대적 가난이 더 서러운 법이다.

속담에서 '배고프다'라는 말은 절대적 빈곤을, '배 아프다'라는 말은 상대적 빈곤을 암시한다. 절대적 빈곤은 생활의 기본 필수품을 구입할 돈이 없어 최저생활도 유지하지 못하는 상태를 뜻한다. 가계소득이 보건복지부가 정한 최저생계비에 미달하는 것이 절대빈곤에 속한다. 상대적 빈곤은 동일한 사회 내의 다른 사람과 비교하여 소득이 적은 것을 뜻한다. 우리나라에서는 OECD의 기준에 따라 중위소득의 50%를 상대적 빈곤선으로 본다.

구성원 모두가 다 같이 가난하다면 견딜 수 있지만 이웃은 잘 사는데 나만 가난하다면 견디기 어려운 것이 사람의 마음이다. '한 잔 술에 눈물 난다'라는 재미난 속담이 있다. 처음에 어떤 사람이 나에게 술을 한 잔 주기에 고마워했다. 그런데 알고 보니 옆 사람에게는 두 잔을 주는 것이 아닌가! 고마운 마음은 어디로 사라져 버리고 야속한 생각에 눈물이 난다는 것이다. 사람이 느끼는 만족도에 상대성이 있다는 것을 말해주는 속담이다. 계층 간 상대적 빈곤이 심화되면 배 아픈 사람이 많아지고 사회가 분열된다. 한 잔 술에 눈물 나고, 풍년거지가 더 서러운 법이다.

우등생이 전학 오면

공부 잘하는 우등생이 전학 오면 그 학급 평균성적이 올라간다. 한때 여의도 정가에 '정몽준 효과'라는 말이 회자되던 때가 있었다. 2010년대 초반 약 3조 원가량의 재산가인 정몽준 회장이 국회의원에 당선되면 우리나라 의원의 평균 재산이 통계 수치상 100억 원 증가하는 효과가 발생하던 것을 빗대어 하는 말이었다. 정몽준 씨가 당선된다고 해서 우리나라 국회의원의 후생수준이 100억 원에 해당되는 만큼 각각 증가하는 것은 아니다. 평균소득의 수치가 후생을 다 말해주는 것은 아니다. 평균소득이 다소 낮더라도 후생수준은 높을 수 있다.

히말라야에 있는 작은 나라 부탄 왕국은 국민들 행복지수가 높은 나라이다. 그들이 부자여서 행복지수가 높은 것이 결코 아니다. 상대적 빈곤이 크지 않아서이다. 부탄의 국왕은 민간 가옥에 살고 있다. 왕은 즉위하자마자 궁에서 나와서 주민과 어울리며 살고 있다. 왕궁은 개방하여 박물관 등의 용도로 사용한다. 세계의 여행가들이 부탄 왕국을 방문하고 싶어 한다. 하지만 부탄은 방문자 수를 엄격히 제한한다. 여행자가 많이 오면 관광 수입이 늘어난다는 것은 부탄에서도 잘 안다. 하지만 관광 사업으로 인해 환경이 파괴되거나 평화로운 삶을 간섭받고 싶어 하지 않는다. 물질적으로는 얻어도 정신적으로는 잃을 수 있다는 것을 그들은 알고 있다.

절대적 빈곤: 생필품을 구입할 돈이 없어 최저생활도 유지하지 못하는 상태.

상대적 빈곤: 동일한 사회의 다른 사람과 비교하여 소득이 적은 상태.

재주는 곰이 넘고 돈은 호인이 먹는다

경제적 지대

서커스단에서 곰을 부려 돈을 버는 것을 흔히 "재주는 곰이 넘고, 돈은 호인胡人이 먹는다"고 한다. 호인은 원래 만주족을 지칭하는 말이었지만 나중에 청나라 사람 또는 중국인을 지칭하는 말로 쓰이게 되었다. 청나라 사람이 서커스단을 데리고 와서 곰이 재주넘는 것을 보여주고 돈을 벌어갔다고 해서 나온 말이다. 속담은 힘들여 일한 사람은 돈을 벌지 못하고, 일을 하지 않은 사람이 돈을 버는 세태를 비꼬는 말로 쓰인다. 즉 불로소득을 꼬집는 속담이다.

경제적 지대

일을 하지 않고 얻는 수익을 경제학 용어로 렌트(rent), 또는 경제적 지대라고 한다. 원래 지대란 농경지에 대한 임대료를 말한다. 지대는 농경지가 한정되어 있기에 발생한다. 농경지가 무한히 존재한다면 아무도 지대를 내려하지 않을 것이다. 농경지에서 발생하는 지대를 일반화시킨 용어가 '경제적 지대'이다. 생산요소의 '공급이 제한되어 있기 때문에 추가적으로 얻는 보수'를 경제적 지대라고 한다. '추가적으로 얻는 보수'란 생산요소 공급자가 공급의 제한성을 이유로 기회비용 이상으로 얻는 몫을 뜻한다. 기회비용 이상을 얻는다는 점에서 경제적 지대는 불로소득으로 간주된다.

어떤 인기 있는 탤런트가 본인의 광고 출연료의 하한선을 7천만 원으로 생각하고 있다. 그런데 기업에서 출연료로 1억 원을 주겠다고 제의해 온다. 7천만 원만 받아도 된다고 생각하는 탤런트에게 3천만 원을 더 얹어 주겠다고 제의한 것이다. 그 3천만 원이 경제적 지대이다. 한편, 이 탤런트는 만약 7천만 원 이하이면 광고 출연을 포기하고 지방공연에 나설 작정이었다. 이 경우 7천만 원은 탤런트를 광고 출연에 잡아두기 위해 필요한 최소한의 보수이다. 이를 전용수입이라고 한다.

탤런트가 전용수입을 초과하는 출연료를 받을 수 있는 것은 인기 있는 탤런트의 수효가 제한되어 있기 때문이다. 공급이 제한되어 있는 생산요소는 경제적 지대를 얻을 수 있다. 의사, 변호사, 공인회계사 등은 어려운 과정과 자격시험을 거쳐야 하는 직종이어서 공급이 제한되어 있고, 덕분에 경제적 지대가 포함된 높은 수입을 얻는다.

지대추구

경제적 지대는 공급자에게 매력적인 수입이다. 경제적 지대를 얻고 있는 사람은 그 요소 공급을 제한하여 경제적 지대를 유지하거나 더 많이 얻고자 하는 성향을 갖는다. 경제 주체가 생산을 늘리기보다는 희소성으로 기득권화된 이익을 계속해서 누리려고 자원을 낭비하는 경향을 지대추구(rent seeking)라고 한다. 의사나 변호사 협회에서 의사와 변호사 수를 한사코 제한하려 하는 것은 서비스 수준을 떨어뜨리지 않으려는 목적도 있지만 지대추구라는 점을 부인할 수 없다. 특정 집단의 지대추구 행위는 생산 증가 없이 로비 등에 의해 이뤄지기 때문에 그들이 얻는 불로소득의 크기만큼 상품의 가격을 상승시켜 소비자에게 부담을 전가한다. 경제적 지대를 얻는 자와 소비자 사이의 갈등이 생기는 이유다.

스티글리츠 교수는 한국을 방문하여 지대추구란 타인을 착취해 이익을 얻는 것이라면서 기업의 시장지배력이 지나치게 강해지면 노동자에 대한 착취가 발생하고 이로 인해 불평등이 심화하면서 민주주의까지 약화한다고 경고했다.

경제적 지대: 공급이 제한된 생산요소 제공자가 추가적으로 얻는 보수.

지대추구: 경제적 지대를 유지하거나 더 얻고자 하는 행위.

굴러온 돌이 박힌 돌 빼 낸다

젠트리피케이션

"상권 일군 자영업자들, 임대료 인상에 이탈…… 건물주만 이득"

주요 상권 내 임대료 상승으로 영세자영업자들이 내쫓기는 젠트리피케이션 현상이 심화되고 있는 것으로 나타났다. 자영업자들이 애써 일군 상권 활성화의 이익이 건물주에만 쏠리고 있다는 지적이다.

이 글은 조세금융신문 기사의 제목과 머리 부분이다.[8] 이 기사에 다소 생소한 단어 젠트리피케이션이 등장한다. 도시의 구도심 등 낙후지역이 개발되면서 사람들이 몰리자 주거비와 임대료가 오르면서 원주민이 바깥으로 내몰리는 현상을 젠트리피케이션(gentrification)이라고 한다.

젠트리피케이션(gentrification)

도시의 구도심은 생활 편의성이 뒤떨어지는 낙후지역이다. 낙후지역은 집값이나 임대료가 낮아서 주거비가 적게 들어 값싼 작업 공간을 찾아다니던 젊은 예술가들이 하나둘 모여든다. 덕분에 그 동안 낙후되었던 구도심은 다양한 문화와 개성이 넘치는 곳으로 변해간다. 구도심 골목에 볼거리와 먹거리가 있다는 입소문을 타고 관광객도 모여들기 시작한다. 가난한 예술가들의 작품이 팔리고 거리 예술가의 모자에 동전이 쌓인다. 이제 예술가들은 작품 활동에 전념할 수 있게 되고 창조적인 젊은이도 모여들어 꿈을 펼친다. 하지만 그것은 잠깐 뿐이다.

쇠락해가던 구도심이 활기를 띠기 시작하자 돈 냄새를 맡은 자본이 몰려든다. 상가와 주택의 임대료가 치솟아 오르고, 집값도 덩달아 오른다. 주거비가 많이 들자 예술가들은 물론 원주민도 밖으로 내몰린다. 배곯아가며 창작에 매달렸던 작업실은 고급 카페가 되어 자본주에게 황금알을 낳아주는 상가로 변한다.

뉴욕의 소호(SOHO)가 바로 젠트리피케이션을 겪은 곳이다. 소호는 원래 공장지대였지만 공장이 더 넓은 곳을 찾아 떠나자 가난한 예술가들이 값싼 거주지를 찾아 모여들었다. 예술가들이 찾아들자 소호는 문화의 중심지가 되면서 화랑과 서점이 생겨나고 레스토랑과 카페가 자리를 잡았다. 하지만 상권이 커지면서 임대료가 올랐다. 값싼 거주지를 찾아 정착했던 예술가들은 떠나버렸다.

굴러온 돌이

젠트리피케이션 현상은 우리가 늘 겪어오던 일이다. 낙후된 단독주택 지역이나 좁은 평수의 서민 아파트가 자리잡은 지역이 재개발되어 넓은 평수의 고층 아파트가 들어서면 단독주택이나 서민 아파트에 살던 사람들은 새로 지은 아파트 값을 감당할 수 없어 다른 주거지를 찾아 나선다. 재개발로 지역이 고급주택지로 탈바꿈한다지만 서민에게는 그림 속의 떡이다.

“굴러온 돌이 박힌 돌 빼 낸다”라는 속담 그대로의 일이 실제로 일어나고 있는 것이다. 젠트리피케이션은 영국의 루스 글래스(Ruth Glass)가 처음 사용했다. 낙후된 지역을 활성화 하기 위해 중산층을 이주시키는 영국의 주택정책을 젠트리피케이션이라고 불렀다. 하지만 중산층이 유입되면서 낙후지역이 고급 상권과 주거지로 바뀌기는 했지만 주거비용이 대폭 상승하였고, 이를 견디지 못한 원주민들이 쫓겨나는 부작용이 발생하게 되었다. 젠트리피케이션은 애초에 낙후지역이 활성화되는 것을 긍정적으로 보는 용어였지만 최근에는 고급화로 인해 원래 거주하던 저소득 주민이 밀려나는 부정적인 현상을 의미하는 말로 사용되고 있다.

젠트리피케이션: 낙후지역이 개발되면서 주거비가 올라 원주민이 내몰리는 현상.

부잣집 나락이 일찍 팬다

부익부빈익빈

여름철을 보내며 날마다 꽁보리밥만 먹던 아들이 묻는다.

"아버지, 쌀밥은 언제 먹어요?"

아버지가 대답한다.

"간지럼나무 꽃이 세 번 피면 먹는단다."

간지럼나무란 자미화紫薇花라고도 하는 백일홍百日紅을 말한다. 배롱나무라고도 부른다. 백일홍은 여름에 시작해서 초가을까지 백일 동안 붉게 핀다고 해서 백일홍이라고 불린다. 여름이 끝나갈 무렵 백일홍이 피고 지면서 벼의 이삭이 올라오면 농민은 희망에 부푼다. 백일홍이 세 번째 필 때쯤에는 벼이삭이 여물어 드디어 쌀밥을 먹게 되기 때문이다.

시골 어린이들은 백일홍 꽃이 피고, 벼이삭이 올라오기기를 애타게 기다렸다. 그런데 속담은 야속하게 "부잣집 나락이 먼저 팬다"라고 말한다. 부잣집 벼 이삭이 먼저 올라온다는 것이다. 나락은 벼를, '팬다'는 벼 이삭이 올라오는 것을 말한다. 햅쌀 나오기만 애타게 기다리는 가난한 집은 놔두고, 부잣집 나락이 먼저 팬다는 것이다. 부잣집 논은 햇볕이 잘 들고 물도 좋은 곳에 있어서 가뭄을 타거나 홍수에 시달리지 않는다. 일꾼이 많아 적당한 시기에 파종하고 거름을 주며 잘 가꾼다. 그래서 부잣집 논의 이삭이 먼저 올라오고, 기다리던 햅쌀을 부잣집에 먼저 안겨준다는 것이다. 속담은 부익부빈익빈 현상을 실감나게 이야기하고 있다.

부익부빈익빈

시간이 갈수록 소득격차가 심해져서 부자는 더욱 부자가 되고 가난한 사람은 더욱 가난해지는 부익부빈익빈 현상이 만연하고 있다. 다음은 DJ DOC가 부른 노래의 일부이다.

> 내가 널 본 것도 압구정동
> 뿌려대는 돈 쉽게 쓰는 돈
> 아쉬운 줄 모르고 계속 쓰는 돈
> 멋진 자동차에 니 몸에 쳐 바른 돈
> 끊길 줄도 모르고 니 주머니 속에서 계속 나오는 돈

……

불변의 부익부빈익빈 현상

있는 놈은 항상 있지, 없는 놈은 항상 없지.

DJ DOC는 '있는 놈은 항상 있고, 없는 놈은 항상 없다'고 노래했다. 자본주의 최대의 문제점은 소득불평등 현상이다. 더구나 소득불평등은 확대재생산 되어 부익부빈익빈으로 이어진다.

부익부빈익빈 현상은 특히 경제 격변기에 심화되는 경향이 있다. 우리나라는 경제개발이 한창이던 70년대에 소득격차가 많이 벌어졌다. 이후 격차가 점점 줄어들다가 외환위기 이후 다시 벌어졌다. 외환위기 전 상위 20% 계층의 소득은 하위 20% 소득의 4.1배였지만 2011년에는 5.73배로 격차가 커진 것이다. 그 뒤 어느 정도 소강상태를 보이던 소득격차는 글로벌 금융위기를 겪으면서 다시 커졌다. 외환위기와 글로벌 금융위기를 거치면서 부익부빈익빈 현상이 심화된 것이다. 소득격차는 이처럼 경제 발전기에도 심화되고 불황기에도 심화된다. 경제가 좋은 쪽이든 나쁜 쪽이든 일단 움직이면 이때다 하고 부익부빈익빈 현상이 심화되는 것이다.

이래저래 가난한 사람은 늘 가난하고, 가난한 나라는 늘 가난하다. 빈곤의 악순환이 계속되는 것이다.

부익부빈익빈: 시간이 갈수록 소득격차가 벌어지는 현상.

가난한 집에 제사 돌아오듯

빈곤의 악순환

소득은 적은데 나갈 일은 많은 것을 속담으로 "가난한 집 제사 돌아오듯 한다"라고 한다. 직장인은 가끔 농담 삼아 푸념한다.

"카드 결제 날은 금방 돌아오는데 봉급날은 왜 늦게 오지?"

듣고 보니 정말 그렇다.

빈곤의 악순환

가난한 집의 특징은 소득은 적고 지출해야 할 곳은 많다는 점이다. 따라서 좀처럼 가난에서 헤어나지 못한다. 개인이 빈곤에서 쉽사리 벗어나기 어렵듯이, 국가의 빈곤도 쉽사리 없어지지 않는다. 후진국에서는 소득수준이 낮기 때문에 소비수준 또한 낮다. 저소비는 저생산을 불러오고, 저생산은 저소득으로 이어진다. 즉 저소득→

저소비→저생산→저소득의 순환이 계속된다. 공급 쪽에서 보는 순환도 상황은 마찬가지다. 소득수준이 낮으면 저축도 낮아서 투자가 어렵다. 저투자는 저생산으로 이어진다. 즉 저소득→저축 부족→저투자→저생산→저소득의 순환이 반복된다. 넉시(R. Nurkse)는 이러한 유형의 순환을 빈곤의 악순환이라 불렀다.

얼마 전만 해도 개룡남이라는 말이 흔히 쓰였다. 개룡남은 개천에서 용 난 남자로, 가난을 딛고 일어서서 사람들이 선망하는 직업을 갖거나 사법고시 등 고급 시험에 합격한 사람을 지칭한다.

파파 리치(papa-rich) 시대로

요즈음에는 개룡남 보기가 어렵고 파파 리치(papa-rich)가 대세다. 파파 리치는 파파(papa)와 부자(rich)의 합성어로 부자인 아빠 덕에 특별한 노력을 기울이지 않고도 잘 사는 남성을 말한다. 유복한 환경에서 태어나 좋은 학군에서 공부하고 고액 과외를 받은 사람이 출세하는 세상이 된 것이다. 파파 리치 현상은 빈곤의 악순환이 지속된다는 것을 말한다. 파파 리치 사회에서는 부모와 자식의 계층 상관관계가 높다. 이에 비해 복지체계가 잘 갖춰진 북유럽 국가에서는 부모와 자식의 계층 상관관계가 낮은 편이다. 부의 대물림, 가난의 대물림이 비교적 적다는 반증이다.

계층 사다리를 놓아주자고 도입한 로스쿨은 돈 있어야 가는 곳이 되어버렸다. 2014년 미국경제학회에 '개츠비 곡선'이라는 용어가 등장했다. 노벨경제학상 수상자인 제임스 헤크먼(J. Heckman) 교수가 개츠비 곡선을 이용하여 경제적 불평등이 심한 사회일수록 계층 간 이동이 어렵다고 지적한 것이다.

아메리칸 드림은 사라지고

개츠비는 F. 스콧 피츠제럴드의 소설 《위대한 개츠비》의 주인공이다. 제1차 세계대전 이후 대공황 무렵까지 주인공 개츠비가 살던 시절, 가난한 젊은이들은 부와 명성, 호숫가에 있는 멋진 별장을 꿈꾸었다. 아메리칸 드림이라는 말이 있듯이 누구나 열심히 노력하면 성공할 수 있는 곳이 신대륙 아메리카였다. 뉴욕 항구의 이민국은 아메리칸 드림을 좇아 대서양을 건너온 사람들로 붐볐고, 실제로 꿈을 이루기도 했다. 하지만 미국도 세상이 변했다. 아메리칸 드림은 사라지고 위대한 개츠비는 찾아보기 힘든 세상이 된 것이다.

빈곤의 악순환이 계속되면 부익부빈익빈으로 이어진다. 그 속에서 빈부격차는 계속 대물림된다. 빈곤의 악순환이 계속되면 사회적 갈등이 생기는 것은 물론이고, 저소득층의 소비 감소를 초래하여 국가의 성장 동력을 떨어뜨린다. 빈곤의 악순환은 현대 사회가 가지는 공통적 문제요, 개선해야 할 인류의 과제이다.

빈곤의 악순환: 후진국에서 빈곤이 해결되지 않고 지속되는 현상.

개츠비 곡선: 소득불평등이 심한 사회일수록 계층 간 이동이 어렵다는 것을 보이는 곡선.

흉년에 죽 쑤면 어른도 한 그릇 아이도 한 그릇

최저임금제

하늘에 걸린 쇠기러기

벽에는 엮인 시래기

시래기 묻은 햇볕을 데쳐

처마 낮은 집에서 갱죽을 쑨다

밥알보다 나물이 많아서 슬픈 죽

훌쩍이며 떠먹는 밥상 모서리

안도현이 쓴 시 '갱죽'의 일부이다. 시는 가난한 집에서 쑨 죽을 사실적으로 묘사하고 있다. 먹을 것이 부족한 흉년에는 죽으로 끼니를 때워야 했다. 곡식은 시늉으로만 넣고 시레기만 넣어 쑨 죽이었다. 그야말로 '밥알보다 나물이 많아 슬픈 죽'이었다. "흉년에 죽 쑤면 어른도 한 그릇 아이도 한 그릇"이라는 속담이 있다. 흉년에 쓴 멀건 죽은 어른도 한 그릇, 아이도 한 그릇씩 나누어 먹었다. 죽 한 그릇, 그것은 사람이 살아가기 위한 최소한의 것이었다.

최저임금제

가난한 사람에게 최소한 죽 한 그릇을 먹게 해주기 위한 사회제도가 있으니 최저임금제이다. 최저임금제는 정부가 임금의 최저 수준을 정하고, 사용자에게 그 이상의 임금을 지급하도록 하는 제도이다. 임금은 고용자가 결정해서 지급하거나, 노사 간 협약에 의해 결정되는 것이 보통이다. 그런데 고용주가 결정하는 임금은 말할 것 없고, 노사 간 협약에 의해 임금을 정하도록 되어있는 경우에도 노사 간 대등한 교섭이 이루어진다는 것은 거의 불가능하다. 고용주가 강자이고 노동자가 약자이기 때문이다. 이러한 이유로 대부분의 나라는 정부가 임금의 최저한도를 법으로 정하고 있다.

우리나라에서는 매년 사용자 및 근로자 대표와 공익위원이 다음 연도의 최저임금을 결정해서 고시한다. 정부가 고시하는 최저임금에 대해서 노동계는 낮다고, 경영계는 높다고 주장하곤 한다. 최저임금제는 아르바이트 시장에 직접적으로 영향을 미친다. 아르바이트로 등록금을 마련하는 학생들에게 최저임금 수준이 그만큼 중요하다.

먹이를 주지 마시오

최저임금제의 취지는 좋지만 부작용이 발생할 수 있다. 가장 취약한 분야는 아르바이트 인력을 고용해서 유지하는 편의점 등 소규모 자영업 직군이다. 이윤율이 낮아서 빠듯하게 운영해오던 점주에게 인건비 증가는 고용을 줄이는 요인이 될 수 있다.

국립공원 등의 야영지에 가면 "야생동물에게 먹이를 주지 마시오"라는 표지판을 볼 수 있다. 자연에서 먹이를 얻으며 살아가야 할 동물에게 사람이 먹이를 주기 시작하면 그 동물이 야생성을 잃고 결국 먹이 획득 능력을 잃어 도태될 수 있다. 이와 비슷한 일이 청소년 노동시장에서 발생할 수 있다. 최저임금 수준이 생활비를 충분히 감당할 수준이거나 아르바이트 임금이 정규직 임금과 차이가 크지 않은 경우, 청소년은 특별한 기술이 없이 손쉽게 일할 수 있는 아르바이트를 택함으로써 전문직을 얻기 위한 훈련 받을 수 있는 기회를 놓칠 수 있다. 저소득 노동자를 보호하기 위한 정책이 부작용을 초래할 수 있는 것이다. 그러한 부작용이 있는데도 최저임금제도가 존속하는 것은 저소득층에게 최저생활비를 보장해주는 명분과 장점이 있기 때문이다. 최저임금 목표 10,000원을 두고 벌어지는 논쟁은 바람직한 고용 현장으로 가면서 부담하는 수업료일 수 있다. 좋은 접점을 찾아낸다면 그 수업료는 아깝지 않을 것이다.

최저임금제: 노동임금의 최저한도를 결정하고 고용주에게 법으로 강제하는 제도.

개 잡아먹다가 동네 인심 잃고 닭 잡아먹다가 이웃 인심 잃는다

소득재분배

한국어를 처음 배우는 외국인이 적응하기 어려운 말이 "식사하셨어요?"라고 한다. 한국인들은 만나자마자 식사했느냐고 묻는데, 이 말은 순간적으로 외국인을 당황하게 만든다. 그 말이 식사를 했느냐고 묻는 말이 아니라 단순히 인사말이라는 것을, 따라서 정색하고 대답하지 않아도 된다는 것을 깨닫게 되기까지는 상당한 기간이 흐르고 나서이다.

부엌에서 달그락 소리 나거든

식사했느냐는 인사말에는 옛날 가난하던 시절이 녹아 있다. 배고프던 그 시절에는 밥을 먹었느냐가 중요했다. 그 시절 어르신들은 자녀가 이웃집에 놀러갈 때마다 자식에게 타일렀다.

"얘야, 놀다가 그 집 부엌에서 달그락 소리가 나거든 얼른 일어서서 집에 와야 한다."

가난한 집의 밥을 축내지 말고 식사 시간에는 눈치껏 자리를 비켜주라는 가르침이었다. 반면에 집에 오신 손님이 식사 준비를 눈치채고 자리를 뜨려고 일어서면 으레 말했다.

"부엌에서 달그락 소리 날 때 가는 것 아니랍니다."

남에게는 폐를 끼치지 않으려고 식사 시간이 되면 자리를 뜨면서, 내 집에 온 손님에게는 밥 한 끼라도 나누어 먹이려는 것이 우리 어른들의 마음 씀씀이였다.

소득재분배: 이전소득

"개 잡아먹다가 동네 인심 잃고, 닭 잡아먹다가 이웃 인심 잃는다"라는 속담이 있다. 개는 몸집이 제법 커서 한 마리를 잡으면 동네 사람들이 나누어 먹을 수 있고, 닭은 개보다 작지만 이웃집과 나누어 먹을 수 있다. 개를 잡으면 그슬리는 냄새에 동네 사람이 알고, 닭을 잡으면 그 소리에 이웃이 알게 된다. 그런데도 인색하게 자기 식구끼리만 개나 닭을 먹어치운다면 인심을 잃는다. 이웃과 나누며 살아가라는 속담이다. 상생은 나눔에서 나온다. 춘궁기와 흉년을 겪어내면서 우리 조상들은 상부상조와 나눔을 배우고 실천해왔다.

오늘날 대부분의 국가는 소득의 사전 분배와 재분배 및 이전지출을 통해 나눔을 제도화 하고 있다. 2018년 한국을 방문한 크루그먼

(P. Krugman) 교수는 각국이 양극화 해소를 위해 인적자본 훈련, 사전 분배, 재분배 정책을 추진하고 있다면서 사전 분배와 재분배의 필요성을 강조했다. 그는 사전 분배는 최저임금제도나 노조를 통해 개선할 수 있으며, 소득재분배는 세수를 활용해 하위 계층에 보조금을 제공해서 삶의 질을 향상시키는 제도라고 설명했다.

이전지출은 생산과 관계없이 정부가 지급하는 소득의 이전이다. 실업수당, 생활부조금, 학교 급식비 등이 이전지출에 해당한다. 이전지출은 수령자에게 '이전소득'이 된다. 생산에 대한 대가로 받는 보수는 아니나 가계에 소득 형태로 들어오는 돈이다. 이전지출은 누군가 납부한 세금을 가지고 지원한다는 점에서 소득재분배 기능을 가진다. 즉 제도화된 나눔이다.

풍년 곡식은 모자라도

풍년 곡식은 모자라도 흉년 곡식은 남는다라는 속담도 있다. 풍년이 들어도 헤프게 쓰면 바닥이 나지만 흉년에도 아껴 쓰면 다음 해의 수확 철까지 견딜 수 있다. 아껴 쓰고 나눠 쓰는 것은 미덕이자 민족 생존의 지혜이다.

소득재분배: 조세나 사회보장제도를 통해 소득불평등을 수정하는 정책.

이전지출: 실업수당 등 생산활동과 무관하게 지급하여 소득을 이전케 함.

이전소득: 생산활동과 무관하게 가계에 소득 형태로 들어오는 수입.

8

거시경제_

기와 한 장 아끼려다 지붕 내려앉는다

오르막이 있으면 내리막이 있다: **경기순환**, 되로 재나 말로 재나: **국민소득 삼면등가 원리**, 기와 한 장 아끼려다 지붕 내려앉는다: **절약의 역설**, 여름 불도 쬐다 말면 서운하다: **톱니효과**, 이 없으면 잇몸이 이 노릇 한다: **부가노동자 효과**, 말라는 풍월 열시흘 하더니 풍월 값 받으러 스물 사흘 다닌다: **밀어내기 재정지출**, 거둥 길 닦아 놓으니 깍쟁이가 먼저 지나간다: **공공재**, 밑 빠진 독에 물붓기다: **유동성 함정**, 구멍 봐가며 쐐기 깎는다: **균형재정**, 기둥을 치면 들보가 울린다: **통화정책과 기준금리**, 단술 먹은 보름 만에 취한다: **경제정책의 시차**, 날일에는 장승 도급 일에는 귀신: **시장제 사회주의**

오르막이 있으면 내리막이 있다

경기순환

달도 차면 기우는 법이다. "오르막이 있으면 내리막이 있다"는 속담이 있듯이, 우리 인생길도 오르막과 내리막이 있다. 인생살이가 잘 풀린다고 너무 좋아하거나 어렵다고 해서 너무 낙심할 것이 없다. 잘 풀릴 때는 역경에 대비하고, 역경 때는 순경을 준비하는 것이 인생을 살아가는 지혜이다.

경기순환

경제의 흐름에도 오르막과 내리막이 있다. 경제의 오르내림이란 경제활동이 활발한 호경기와 침체되는 불경기가 번갈아 발생하는 것을 말하며, 이 변동 과정을 경기변동이라 한다. 경기변동은 대개 일정한 주기를 두고 순환하는 형태로 진행한다. 경기변동은 순환 현상을 보인다고 해서 경기순환 또는 경기 사이클이라고 부른다.

경기순환은 장기순환과 단기순환으로 나뉜다. 장기순환은 연구자의 이름을 따서 콘드라티예프 파동이라고 부른다. 콘드라티예프는 지금까지 세 번의 큰 파동이 있었다고 주장했다. 첫 파동은 1780년대 말에서 1850년대 초까지의 산업혁명 기간이다. 둘째 파동은 1850년대에 시작되어 1890년대 초까지 이어진 순환으로 철도 및 철강 산업의 발달이다. 셋째 파동은 1890년대부터 시작하여 1930년대의 세계 경제대공황까지 이어진 중화학 및 자동차공업의 발달이다. 최근에는 제4차 산업혁명에 대한 논의가 한창이다. 한편, 단기순환은 10년 이하의 주기를 가진 순환을 말한다.

경기순환의 국면

경기순환은 보통 호황, 후퇴, 불황, 회복의 네 단계를 보인다. 호황은 모든 부문에서 경제활동이 상승하는 국면이다. 생산과 소득이 증가하면서 투자와 소비가 증가하고, 아울러 고용도 증가한다. 소비 증가로 물가가 상승한다. 투자 증가로 금리가 상승하고 주가가 오른다. 후퇴란 호경기 때에 확대된 생산 설비 때문에 생산과잉 상태가 발생하는 국면이다. 경제활동이 둔화되면서 생산, 투자, 소비, 고용, 소득 등이 감소한다. 물가가 하락하고 기업의 이윤이 감소한다. 이때 경기가 급격하게 후퇴하는 것을 경착륙, 완만하게 후퇴하는 것을 연착륙이라고 한다. 불황은 후퇴의 진행으로 불경기에 들어서서 경제활동이 침체된 국면이다. 실업이 증가하며, 임금, 금리, 주가 등이 하락하고 물가도 하락한다. 문을 닫는 기업이 생긴다. 회복은 불경기로부터 벗어나는 국면이다. 경제활동이 다시 활기를 띠기 시작하며, 소비가 증가하고 생산이 증가하면서 고용이 증가한다. 회복 단계가 진행하면 호황 단계로 접어든다.

전쟁과 경기순환

경기변동은 다양한 원인에 의해 발생하는데 그 원인 중 하나가 전쟁이다. 특히 미국의 경기순환은 전쟁과 밀접한 관계가 있다. 1900년 이후 미국에서 보인 여섯 번의 경기 사이클 중 네 번의 호황이 전쟁과 관련되어 있다. 제1차 세계대전 때 유럽은 온통 쑥대밭이 되었는데 미국은 호황을 누리다가 전쟁이 끝나자 불황에 접어들었다. 미국이 1930년대의 대공황을 벗어나도록 해 준 것은 제2차 세계대전이었다. 그 후 한국전쟁과 베트남 전쟁 때 미국의 기업은 전쟁 특수를 누렸다. 특히 한국전쟁은 패전국 일본이 재기하는 결정적 기회가 되었다.

세계 각 곳의 분쟁 뒤에는 전쟁상인이 있다는 의혹이 있다. 전쟁 당사자는 고통을 받는 반면, 무기를 생산하여 원조라는 이름하에 팔아먹는 전쟁상인은 돈방석에 앉는 것이 전쟁이 가지는 비극이다.

경기순환의 국면: 호황, 후퇴, 불황, 회복 등의 단계.

경착륙: 경기순환 중 후퇴가 급격하게 이루어지는 현상.

연착륙: 경기순환 중 후퇴가 천천히 이루어지는 현상.

되로 재나
말로 재나

국민소득 삼면등가 원리

김제의 벽골제 옆에 되배미 터가 남아 있다. 되배미란 곡식의 양을 잴 때 쓰는 '되升'에 논을 셀 때 쓰는 '배미'를 붙인 말이다. 500평 넓이의 이 되배미는 벽골제 공사 당시 투입되는 인부의 수를 점검하기 위해 만든 논이다. 지게를 진 인부가 가득 차면 500명 쯤 됐다고 한다. 논배미가 되의 구실을 한 것이다.

되와 말

되升와 말斗은 곡식을 재는 그릇이다. 되는 2리터를 재는 육면체 나무 그릇이고, 말은 20리터, 즉 열十 되를 재는 원통형 나무 그릇이다. 옛날에는 곡식을 거래할 때 되나 말을 사용해서 부피를 재어 거래했다. 부피가 같은 곡식의 양을 잰다면 되를 사용해서 재나 말을 사용해서 재나 결과가 동일할 것이다. 쌀 다섯 말을 가져다 놓고 그 부피를 잰다고 하자. 말을 사용해서 재도 다섯 말, 되를 사용해서 재도 다섯 말이 될 것이다. 말을 사용해서 잴 때는 5번 셈했을 것이고, 되를 사용해서 쟀다면 50번 셈했을 것이다. 5만 원짜리 물건을 살 때 만 원짜리로는 5장을 내고 5천 원짜리로는 10장을 내는 것과 같은 얘기다. 우리 조상들은 이러한 상황을 "되로 재나 말로 재나"라는 속담으로 표현했다.

포석정 수구에 흐르는 물

경주 포석정은 왕과 귀족이 유상곡수流觴曲水 시회를 즐기던 곳이다. 포석정은 한쪽에서 물을 끌어들여 다른 쪽으로 흘러나가도록 홈이 파진 돌길이 타원을 이루고 있다. 물은 돌로 된 물고랑을 한 바퀴 돌아 나간다. 이 수로는 물에 술잔을 띄우면 잔이 벽에 부딪치지 않고 흘러가도록 설계되었다. 특히 곡선 물길에서는 물이 빙빙 도는 회돌이 현상이 일어나서 잔이 멈추기도 했다고 한다. 해마다 삼월 삼짇날이 되면 왕과 신하가 포석정에 모여 술잔을 띄어 두고 잔이 돌아오기 전에 시를 읊으며 놀았다.

포석정 물길 중 세 군데를 정해서 그곳을 통과하는 물의 양을 재보면, 세 곳을 지나는 물의 양은 모두 같을 것이다. 관으로 된 수로에 물이 흐르는 경우, 좁은 곳에서는 빨리 흐르고 넓은 곳에서는 느리게 흐르기 때문에 어느 곳에서 재더라도 흐르는 양이 같은 것이다.

국민소득 삼면등가 원리

국민경제를 구성하는 기본 주체는 기업과 가계이며, 상품시장과 생산요소시장으로 연결된다. 상품시장에서는 기업이 공급자이고 가계가 수요자이다. 반면에 요소시장에서는 가계가 공급자, 기업이 수요자이다. 기업은 노동, 자본, 토지를 구입하여 상품을 생산한다. 가계는 생산요소를 기업에 제공하고 대가를 받는다. 그 대가가 소득이다. 가계는 소득으로 기업이 생산한 상품을 구입한다. 기업과 가계가 상품과 생산요소를 서로 주고받는 동안 국민경제가 순환한다.

국민경제의 순환을 보면 생산한 양만큼 분배가 이루어지며, 분배된 양만큼 지출로 이어진다. 기업은 가계가 지출한 양만큼 상품을 팔아 그 돈으로 생산요소를 구입한다. 생산된 만큼 분배되고, 분배된 만큼 지출되기 때문에 '생산액=분배액=지출액' 관계의 순환이 반복된다. 국민소득의 크기를 알고 싶으면 순환 과정 세 단계 중 한 군데를 재면 된다. 생산 단계에서 재면 생산국민소득, 분배 단계에서 재면 분배국민소득, 지출 단계에서 재면 지출국민소득이 된다. 국민경제는 동일한 양이 생산, 분배, 지출 단계를 거치며 순환하기 때문에 어느 단계에서 재든 그 양이 같아야 한다.

생산국민소득, 분배국민소득, 지출국민소득의 양이 동일한 것을 국민소득 삼면등가 원리라고 한다.

국민소득 삼면등가 원리: 생산·분배·지출 국민소득의 크기가 동일한 현상.

기와 한 장 아끼려다 지붕 내려앉는다

절약의 역설

지붕에 기와를 얹을 때는 암키와와 수키와를 빈틈없이 얽어서 덮어야 비가 새지 않는다. 기와를 잘못 얽어 빈틈이 생기면 비가 새어 서까래가 썩을 수 있다. "기와 한 장 아끼려다 지붕 내려앉는다"라는 속담이 있다. 기와 한 장이 아까워서 지붕 한 부분을 덮지 않는다면 지붕 전체가 내려앉는다는 것이다.

절약의 역설

아끼고 절약하는 것은 미덕이다. 가정에서 자녀에게 예금통장을 만들어 선물하는 일은 절약과 저축을 가르치는 좋은 교육이다. 그런데 절약과 저축이 의도하지 않은 부정적인 결과를 가져올 수 있다. 부분과 전체에 구성의 오류 문제가 생길 수 있는 것이다.

절약이 가지는 역설적인 결과를 지적한 학자는 케인스(J. M. Keynes)이다. 케인스는 절약이 개인에게 미덕이지만 사회 전체에는 악덕이 될 수 있다고 말했다. 구성원 모두가 저축을 늘린다고 하자. 저축의 증가란 소비의 감소를 의미한다. 소비가 감소하면 수요 감소로 생산이 감소하고, 생산이 감소하면 국민소득이 감소한다. 국민소득이 감소하면 저축도 감소한다. 가계가 저축을 증가시키면 결과적으로 저축을 감소시키는 현상을 '절약의 역설'이라고 한다. 즉 구성의 오류이다. 절약이 악덕이라는 말을 뒤집으면 '소비가 미덕'이라는 말이 된다. 소비를 중시한 학자는 케인스이다.

루스벨트와 케인스

루스벨트가 대통령에 당선되었을 때, 미국은 경제대공황에 시달리고 있었다. 공황은 생산된 상품이 팔리지 않고 경제가 침체에 빠진 현상을 말한다.

대공황 이전까지 고전학파 경제학자들은 공급이 스스로 수요를 창출하기 때문에 수요와 공급은 항상 맞아 떨어진다고 생각했다. 생산하기만 하면 팔린다는 뜻이다. 학자의 주요 관심사는 공급, 즉 생산이었다. "공급은 스스로 그 수요를 창출한다"라는 세이의 법칙은 고전학파의 견해를 집약하는 말이다. 하지만 1930년대의 대공황이 보여준 상황은 고전학파의 설명과 너무 달랐다. 생산된 상품이 팔리지 않아 공장은 문을 닫고, 실업자가 거리에 넘쳤다. 수요와 공급이 보이지 않는 손에 인도되어 저절로 균형을 이룬다는 고전학파의 주장은 더 이상 설득력이 없어졌다. 공급이 문제가 아니라 수요가 문제였다. 경제대공황의 본질은 수요 부족으로 일어난 경기침체였다.

케인스 혁명

경제대공황 당시 정계에 루스벨트가 등장하고, 학계에 케인스가 등장했다. 케인스는 생산은 수요만큼으로 이뤄진다고 주장했다. 생산이 수요를 창출한다는 세이의 법칙에 정반대의 견해를 내놓은 것이다. 케인스는 공황을 해결하기 위해 재정지출을 늘리고 조세를 감면해 주는 등 총수요 증가 정책을 사용하라고 주장했다. 루스벨트가 대공황 당시 시행했던 뉴딜(New Deal) 정책이 바로 총수요 증대 정책이다. 루스벨트 대통령은 재정지출 등을 통해 먼저 수요를 증대시키는 정책을 채용하였다. 이러한 정책은 케인스의 처방을 받아들인 것이었고, 대공황을 극복하게 해주었다.

생산보다 수요가 더 중요하다는 것, 절약의 역설, 시장에 대한 정부의 개입 등 케인스의 주장은 경제를 시장에 맡겨도 된다는 고전학파 경제학자들의 생각을 완전히 뒤엎은 것이었다. 덕분에 그의 새로운 이론은 케인스 혁명이라는 이름을 얻었다.

절약의 역설: 저축을 늘리면 오히려 저축이 감소하게 되는 모순 현상.

공황: 생산된 상품이 팔리지 않고 경제가 침체에 빠진 현상.

여름 불도 쬐다 말면 서운하다

톱니효과

하찮은 것이라도 있다가 없으면 서운한 법이다. 우리 속담에 "여름 불도 쬐다 말면 서운하다"라는 말이 있다. 겨울이라면 몰라도 여름에 화로를 쬘 일이 있겠는가마는 그래도 쬐다 말면 서운하다는 것이다.

소비에 관한 기사가 자주 신문의 경제면을 장식한다. '소비가 살아난다'라는 반가운 말투의 기사가 실리는가 하면, '아직도 소비는 얼음장'이라는 아쉬움 섞인 기사가 실리기도 한다. 경제 침체의 원인이 소비 부족 때문이라는 말투이다. 이러한 기사는 소비가 미덕이라는 생각을 바탕에 두고 있다. 케인스의 유효수요이론 이후 소비는 공급보다 귀한 대접을 받고 있다. 하지만 과소비는 경기를 과열시키고 인플레이션을 초래할 수 있다. 소비는 살아나지 않아서도 문제지만 너무 활활 타도 문제이다.

소비는 현대 거시경제의 중요한 변수이자 연구 대상이다.

절대소득가설 상대소득가설

케인스는 소비가 가처분소득의 크기에 의존하며, 소득이 증가하면 소비도 증가하고 감소하면 소비도 감소한다고 설명했다. 소비의 크기가 해당 기간의 소득에 의존한다는 케인스의 설명을 절대소득가설이라고 한다. 그런데 절대소득가설은 단기의 경우는 설명이 되지만 장기의 경우에는 설명되지 않는 부분도 있었다. 소비가 다른 사람의 영향을 받을 수 있고, 한번 늘린 소비는 소득이 감소해도 좀처럼 줄지 않는 현실을 잘 설명하지 못했다. 이에 따라 절대소득가설을 보완하거나 대체하려는 시도가 여러 학자에 의해 이뤄졌다. 특히 소득이 감소할 때 소비가 쉽게 감소하지 않는 이유를 설명하는 다양한 학설이 나왔다. 그 중 대표적인 학설로는 상대소득가설, 항상소득가설, 생애주기가설 등이 있다. 상대소득가설은 J. S. 듀젠베리가 주장했다. 듀젠베리는 소비에 영향을 주는 요인으로 당기의 소득, 타인의 소득 수준, 그리고 본인의 과거 소득수준이 있다고 설명했다. 상대소득가설 속에는 톱니효과가 있다.

톱니효과(ratchet effect)

상대소득가설에 의하면 소비는 현재소득 뿐만 아니라 과거소득

수준과 동류 집단의 영향을 받는다. 소득이 증가할 때는 소비도 증가한다. 하지만 소득이 감소할 때는 다르다. 한번 높아진 소비 수준은 소득이 감소해도 즉시 내려가지 않는다. 소득이 많던 시절의 소비 습관이 남아있기 때문이다.

사람들은 소득이 감소해도 당분간은 과거의 저축 분을 사용하거나 빚을 내서라도 옛날 수준의 소비를 지속하려 한다. 그러다가 그것마저 바닥나면 할 수 없이 소비를 줄인다. 소득 감소에 의한 소비 감소가 시차를 두고 발생하는 것이다. 이러한 '소득-소비' 변화 패턴은 반복해서 나타난다. 소득이 지속적으로 감소하면 한동안 옛 소비 수준을 유지하다가 떨어뜨리고, 그래도 감소하면 전 수준을 유지하다가 또다시 떨어뜨린다. 배구 네트를 조이는 톱니는 걸쇠를 걸어놓아 한쪽으로는 돌아가지만 다른 쪽으로는 돌지 못하도록 되어 있다. 소득이 증가할 때는 소비를 늘리지만 감소할 때는 줄이지 못하는 비가역적 현상은 마치 네트의 톱니가 한쪽 방향으로는 돌지만 다른 쪽 방향으로는 돌지 못하는 것과 같다.

힉스는 소비를 줄이지 못하는 현상을 그림으로 그리면 그 모양이 톱니와 같다고 해서 톱니효과라고 불렀다.

톱니효과: 소비가 과거 소득수준에 의해 영향을 받는 현상.

절대소득가설: 소비의 크기가 해당기간의 소득 크기에 의존한다는 주장.

상대소득가설: 소비의 크기가 타인 및 과거 소득의 크기에도 영향을 받는다는 주장.

이 없으면 잇몸이
이 노릇 한다

부가노동자 효과

초보운전을 알리는 표지에는 가끔 재치 있는 표현이 있어서 웃음을 자아낸다. 그 중에는 다음과 같은 글도 있다.

"밥 해 놓고 나왔음!"

여성 운전자의 초보운전 표지는 남성운전자가 가끔 내뱉는 '집에서 밥이나 하지'라는 말을 미리 차단하면서, 초보임을 웃음을 담아 알리고 있다. 그런데 그냥 웃어넘기기에는 무엇인가 찜찜하다. 여성은 집에 있어야 하는 사람으로 보는 생각이 깔려 있기 때문이다. 이 시대는 여성의 노동력이 필요할 뿐만 아니라, 여성의 자기실현을 위해서도 일거리를 갖는 것이 필요한 시대이다. 더구나 경제 형편상 여성과 노약자도 밖에 나와서 일해야 할 때도 있다.

이 없으면

초여름 모내기 철 한창 바쁠 때는 어린 아이도 한 몫 단단히 한다. 모심는 날 어린 아이가 논둑에 서서 못줄을 잡아주면, 그 아이는 어른 한 명 몫의 일을 한다. "이 없으면 잇몸이 이 노릇 한다"라는 속담이 있듯이 일손이 바쁠 때는 어린 손길이 큰 도움이 된다.

농번기에 어린 아이들이 어른들의 일손을 거들고, 저소득 가정에서 어린 아이가 일터에 나가는 것처럼, 불경기에는 주부가 바깥으로 나와 일자리에 서기도 한다. 경제 불황으로 가장이 직장을 잃거나, 가장 혼자만의 소득으로 생계가 어려울 때는 주부나 자녀가 일자리를 찾아나서는 것이다.

아동노동은 빈민국은 물론 잘 사는 나라의 저소득층에서도 흔하다. 산업혁명 시절의 아동노동은 특히 악명이 높았다. 증기기관이나 방적기의 등장으로 기계가 일을 대신 하자 대부분의 공장에서는 더 이상 숙련공의 집약노동이 필요하지 않게 되었다. 대부분의 공장이 어린 아이를 낮은 임금으로 고용하여 단순 작업을 시키기 시작했다. 10세 미만의 어린이가 12시간 일하는 것이 보통이었고, 18시간 일을 시키기도 했다. 다행히 요즈음은 빈국을 빼고는 착취적인 아동노동이 줄어들었다.

부가노동자 효과

불경기나 가장의 실직 때 부득이 구직에 나선 주부나 자녀를 부가노동자라고 하고, 주부나 어린 아이가 구직에 나섬으로써 비경제활동인구가 경제활동인구에 편입되는 현상을 부가노동자 효과라고 한다. 우리나라에서는 보험모집인 직종에 부가노동 현상이 나타났다. 고용통계에 호경기에는 보험모집인 수가 감소하고, 불경기 때 증가한 것이 나타난 것이다. 원래 호경기에 취업자 수가 증가하고, 불경기에는 감소하는 것이 일반인데, 보험모집인 분야에서는 반대 현상이 나타난 것이다.

경제가 나빠져서 소득이 감소하면 주부나 취업 연령이 되지 않은 자녀가 일터에 나가야 한다. 이때 주부나 자녀가 할 수 있는 일은 자격 요건이 까다롭지 않은 직종이다. 보험모집 업무는 한때 주부가 특별한 자격 요건 없이 손쉽게 참여할 수 있는 직종이었다. 불경기가 닥치면 주부들은 손쉽게 할 수 있는 보험모집인으로 나서게 되었고, 그래서 불경기에 보험모집인 수가 늘어난 것이다. 불황기에 실직한 가장과 가족들이 분식점이나 자그마한 백반 집을 여는 것도 부가노동의 한 모습이다. 우리나라는 치킨 점 밀도가 세계에서 가장 높은 나라이다. 불황 때마다 증가한 결과이다. 백반 집과 마찬가지로 창업이 손쉽다는 이유로 우후죽순처럼 불어나는 소규모 자영업 점포는 대부분 부가노동의 한 형태이다.

부가노동자: 경제 불황기에 구직에 나선 주부나 어린아이 등 비경제활동인구.

말라는 풍월 열사흘 하더니 풍월 값 받으러 스물 사흘 다닌다

밀어내기 재정지출

아름다운 자연의 바람과 달에 부쳐 시가를 지으며 노니는 것을 풍월이라고 한다. 세도가에서 잔치를 할 때는 으레 풍월하는 사람을 불러다 시를 짓고 노래를 불러 흥을 돋우게 하고 사례비를 줬다.

"말라는 풍월 열사흘 하더니 풍월 값 받으러 스물 사흘 다닌다"는 속담은 그러한 배경에서 나왔다. 누군가가 시키지 않았음에도 불구하고 13일 동안 풍월을 하더니 그 삯을 받으러 23일 동안 쫓아다닌다는 것이다. 시키지 않은 일을 하고서 생색내거나 그 삯을 받으려 하는 밉살스러운 모습을 묘사하는 속담이다.

밀어내기 재정지출

속담이 말하는 것처럼 시키지 않은 일을 하고 그 삯을 받으러 다

니는 일이 지방자치단체에서 자주 일어난다. 연말이면 벌어지는 밀어내기 공사가 그것이다. 지방자치단체의 재정은 자체 조달한 예산과 함께 상급기관에서 배정해 주는 예산으로 구성된다. 상급기관에서 하급 지방자치단체에 배정해 주는 예산은 해당 연도에 전액을 집행해야 다음 해 예산이 깎이지 않는다. 이 때문에 연말이 되면 배정된 예산을 다 쓰고 새해 예산을 다시 따내기 위해서 남은 예산을 밀어내기 식으로 집행하는 일이 다반사로 일어난다.

연말 밀어내기 예산집행 하면 맨 먼저 떠오르는 것이 보도블록 교체 사업이다. 보도블록 교체 사업은 지자체에 가장 손쉬운 밀어내기 예산집행 수단이다. 공사 기간이 짧고, 사업 내용이 단순하기 때문이다. 즉 지자체들이 쓰다 남은 예산이 있을 경우 빠른 시일 내에 예산을 소진할 수 있는 간편한 방법이 보도블록 교체이다.

예산의 밀어내기 집행이 매년 되풀이 되고 시민의 비난이 쏟아지자 정부에서는 보도블록 교체 주기를 설정하고, 안정성과 노후화 정도를 교체 기준으로 하는 규정을 제정 시행하였다. 보도블록 교체는 시민의 눈에 쉽게 띄어 시정되었지만 시민의 눈에 보이지 않는 밀어내기 낭비는 어디에선가 소리 없이 진행되고 있다.

지역축제

요즈음 유행하는 지역축제도 그리 반갑지 않은 풍월이다. 문화관광부의 지역축제 통계에 의하면 한 해에 19개의 축제를 개최하는 시군이 있는 정도이다. 엇비슷한 영화제가 20여 곳에서 열리고 있고, 남해안 지역은 곳곳에 이순신 축제다. 이러한 축제를 개최하는 데는 당연히 예산 지출이 수반된다. 물론 축제가 성공하면 지역경제에 도움이 되고 지역문화를 널리 알리는 긍정적인 효과도 있다. 하지만 개최지의 특성이나 당위성이 없이 자치단체장의 치적용으로 시행해서 예산만 낭비하는 축제도 있다. 그 비용은 세금으로 충당되니 결국은 주민의 부담이다.

이뿐만이 아니다. 국제 행사를 치르느라 지어놓은 체육시설이 지자체의 애물단지가 되어 있는 곳이 한두 군데가 아니다. 현대판 바벨탑을 쌓고 있는 자치단체의 호화 청사도 문제다. 2009년에 무려 3천억 원 이상의 예산을 투입하여 지은 성남 시청사는 하지 말라는 풍월을 한 대표적 사례로 꼽힌다. 시청사를 짓느라 동원한 거액 부채에 견디다 못한 성남시는 결국 부채 상환을 유예한다는 모라토리엄을 선언해서 사회적으로 큰 파장을 일으켰다. 성남시 외에도 여러 지자체나 공기업이 호화 청사의 여파로 부채에 시달리고 있다.

밀어내기 공사를 해놓고 예산을 쓰는 일, 특성 없는 지역축제를 열고서 예산을 낭비하는 일은 없어져야 할 관행이다. 풍월 값 받으러 오는 세리로 인해 서민들의 집 문턱이 닳아질까 두렵다.

밀어내기 지출: 연말에 불필요한 일에 집중적으로 이루어지는 지출.

거동 길 닦아 놓으니 깍쟁이가 먼저 지나간다

공공재

우리 속담에 "거동 길 닦아 놓으니 깍쟁이가 먼저 지나간다"라는 말이 있다. 임금님이 행차하신다기에 길을 닦아놓았는데 깍쟁이가 먼저 지나간다는 푸념이니 애써 만든 도로에 깍쟁이가 무임승차한 것이다. 그런데 생각해보면 길이란 아무나 무료로 다니라고 닦아놓은 공공재公共財이다.

상품

기업이 재화를 생산하는 것은 판매하거나 사용료를 받기 위해서다. 그런데 재화에는 돈을 내고 구입하는 것이 있고 무료로 사용할 수 있는 것도 있다. 그것은 재화에 소비의 경합성과 배제성이 있는지 여부에 달라진다.

'소비에 경합성이 있다'는 것은 한 사람이 재화를 구입해서 사용하면 다른 사람은 그 재화를 사용할 수 없다는 뜻이다. 한 사람이 볼펜을 구입해서 사용하면 다른 사람은 그 볼펜을 사용할 수 없다. '소비에 배제성이 있다'는 것은 값을 지불하지 않은 사람은 사용하지 못하도록 제한하는 것이 가능하다는 뜻이다. 입장권을 구입하지 않은 사람은 극장에 들어가지 못하는 경우이다.

대부분의 재화에는 경합성과 배제성이 있기 때문에 돈을 내야 소비하거나 이용할 수 있다. 이러한 재화를 사용재私用財라고 한다. 사용재는 사고 팔 수 있어서 상품商品으로의 생산이 가능하다.

무임승차와 공공재

소비에 경합성이 없으면 여러 사람이 동시에 그 재화를 사용할 수 있다. 등대 불빛을 보고 배 한 척이 항로를 잡는 서비스를 받는다고 해서 다른 배에 대한 서비스가 감소되지 않는다. 소비에 배제성이 없으면 그 재화를 무료로 이용하거나 소비하는 것을 막을 수 없다. 즉 세금을 내지 않았다고 등대불이 주는 혜택을 제외시킬 수 없다. 사업가가 돈을 벌 목적으로 배가 자주 지나가는 섬에 유료 등대를 설치했다고 하자. 등대 주인이 등대를 보고 항로를 잡는 배를 쫓아가서 요금을 받는다면 그 비용이 받는 요금보다 훨씬 클 것이다.

소비에 경합성과 배제성이 없으면 무임승차 현상이 일어난다. 등대나 가로등은 사회에 반드시 필요한 서비스지만 무임승차가 가능하고, 기업은 돈벌이가 되지 않기 때문에 생산을 기피한다. 그렇다면 가로등은 누가 생산해야 할까? 정부나 공공기관이 생산해야 한다. 경합성과 배제성이 없는 재화를 공공재라고 하는데, 공공재는 공공이 무료로 이용한다는 의미에서 공공재이고, 공공기관이 공급한다는 의미에서도 공공재이다.

재화는 경합성과 배제성을 기준으로 사용재, 공공재, 공유재, 클럽재로 분류된다. 사용재와 공공재는 위에서 설명했다. 경합성은 있고 배제성이 없는 재화를 공유재라 한다. 공유재는 공동 소유이기 때문에 쉽게 고갈된다. 이를 공유지의 비극이라고 한다. 경합성이 없고 배제성은 있는 재화를 클럽재라고 한다. 클럽재는 로그인하고 들어가서 사용하는 인터넷 정보, 유료방송 등을 말한다. 다음 표는 경합성과 배제성 유무로 본 재화의 분류이다.

		배제성	
		있다	없다
경합성	있다	사적재	공유재
	없다	클럽재	공공재

〈표〉 경합성, 배제성 유무로 본 재화의 분류

경합성: 두 사람이 동시에 한 재화를 소비할 수 없는 성질.

배제성: 돈을 내지 않은 사람은 소비하지 못하도록 배제가 가능한 것.

공공재: 소비에 경합성과 배제성이 없는 재화.

밑 빠진 독에
물 붓기다

유동성 함정

영화 "달마야 놀자"의 한 장면을 보자. 조폭 팀과 스님 팀에게 빠진 독에 물을 부어 채우라는 과제가 주어진다. 양 팀이 아무리 물을 가져다 부어도 독에 물은 차지 않는다. 그야말로 "밑 빠진 독에 물 붓기"다. 그러다가 스님이 독을 들고 연못으로 뛰어들어 독에 물이 가득 들어찬다. 스님 편의 승리다. 영화에서는 기지로 물을 가득 채웠지만, 독에 구멍이 나 있다면 아무리 물을 부어도 소용이 없다.

화폐의 수요

신문의 경제면 기사를 읽다보면 유동성流動性이라는 말이 가끔 나온다. 유동성이란 금융자산을 얼마나 쉽게 현금화할 수 있는가의 정도를 말한다. '유동성은 곧 현금'이라고 생각해도 된다. 케인스는 사람들이 유동성을 확보하기 위해 화폐를 보유한다고 생각했다. 그래서 케인스의 화폐수요이론을 유동성선호이론이라고 한다. 화폐수요란 수중에 간직하고 싶어 하는 현금의 양을 말한다. 케인스는 화폐를 보유하는 동기에 거래적 동기, 예비적 동기, 투기적 동기의 세 가지가 있다고 보았다. 이 중에 거래적 동기와 예비적 동기의 화폐수요는 글자 그대로 거래 목적 또는 장래에 사용할 목적으로 화폐를 간직하고 싶어 하는 것을 말하며 소득이 많을수록 수요가 크다. 우리의 관심사는 세 번째 동기다.

투기적 동기

회폐수요의 세 번째 동기, 즉 투기적 동기란 채권 구입 기회를 포착하기 위해서 화폐를 보유하는 것을 말한다. 사람들은 이자 수입을 얻거나 매매 차익을 얻기 위해 채권을 구입한다. 현재 이자율이 높으면 채권 가격은 낮게 형성된다. 이자율의 높이와 채권 가격은 서로 역의 관계이다. 만약 이자율이 정상 수준보다 높다면 언젠가는 떨어질 것이고, 채권 가격은 오를 것이다. 현재 이자율이 높으면 채권을 구입한다. 채권을 구입한다는 것은 보유한 화폐를 내놓는 것으로 화폐수요가 감소한다는 말이 된다. 이자율과 화폐수요를 연결하면, '이자율이 높으면 화폐수요가 적다'이다.

이자율이 정상보다 낮다고 하자. 언젠가는 이자율이 오르고 채권 가격은 떨어질 것이다. 따라서 채권을 사지 않고 화폐를 보유하는 것이 낫다. 이 화폐는 채권을 사려고 보유하는 화폐, 즉 투기적 동기의 화폐이다. 이자율이 낮으면 사람들이 채권 살 돈을 보유하며, 이 경우를 일러서 '화폐수요가 있다'고 한다.

유동성 함정

만약에 이자율이 '매우' 낮다면 채권 가격은 '매우' 높을 것이고, 언젠가는 이자율이 대폭 오르면서 채권 값이 대폭 하락한다. 이 때문에 이자율이 매우 낮다면 아무도 채권을 사지 않는다. 정부가 통화를 공급해도 채권 구입에 사용되지 않고 지갑과 장롱 속에 간직된다. 정부가 아무리 돈을 풀어도 함정에 빠진 것처럼 어디론가 사라져버린다. 유동성이 함정에 빠진 것 같다.

이자율이 매우 낮을 때, 사람들이 채권을 구입하지 않고 화폐를 보유함으로써 화폐수요가 무한대인 현상을 유동성 함정이라고 한다. 유동성 함정이 존재하면 통화 공급을 증가시켜도 채권을 구입하지 않기 때문에 기업의 투자를 증가시키지 못한다. 즉 유동성 함정 하에서는 통화정책이 무용지물이 된다. 한동안 일본의 경제가 유동성 함정에 빠져 있다고 보는 학자도 있었다. 그러나 유동성 함정이 실제로 존재하는가에 대해서도 학자 간에 의견이 서로 다르다.

화폐수요: 수중에 간직하고 싶어 하는 화폐의 양.

투기적 동기의 화폐수요: 채권 구입 기회를 기다리며 보유하는 화폐의 양.

유동성 함정: 이자율 수준이 매우 낮아 화폐수요가 무한대인 상태.

구멍 봐가며 쐐기 깎는다

균형재정

어떤 물건에 틈이 생겨 벌어지거나 구멍이 생기면 쐐기를 깎아 구멍을 메워준다. 쐐기는 그 크기가 구멍의 크기가 잘 맞아야 기능을 다할 수 있다. 구멍보다 크면 들어가지 않고, 너무 작으면 헐거워서 빠져버린다. 메울 구멍의 크기를 가늠해 가면서 쐐기를 깎아야 들어맞는다. "구멍 봐 가며 쐐기 깎는다"라는 속담이 바로 그 말이다.

균형재정

정부는 재정을 운용할 때 세입과 세출을 봐가면서 집행한다. 세입은 조세 수입, 세외수입, 자본 수입으로 구성된다. 조세 수입은 국민으로부터 징수한 세금을 말하고, 세외 수입은 정부가 받는 각종 수수료와 벌과금 등의 수입을 말한다. 자본 수입이란 정부 소유 토지나 건물 등을 팔아서 얻는 수입이다. 세출은 일반행정비를 비롯하여 방위비, 경제 개발비, 사회 개발비, 교육비 등으로 구성된다. 세입과 세출이 일치하는 재정을 균형재정이라고 한다. 정부는 예산을 수립할 때 예상 세입 범위 내에서 세출 규모를 정한다. 일반적으로는 세입 내 세출 원칙 하에서의 균형재정이 바람직하다. 그러나 균형재정이 반드시, 언제나 좋은 것만은 아니다. 때로는 적자재정이나 흑자재정 편성이 필요할 때도 있다. 정부는 경제 형편을 고려하여 필요에 따라 적자 또는 흑자재정을 편성한다.

적자재정과 흑자재정

적자재정이란 정부의 재정 수입이 지출에 미달하는 불균형재정을 말한다. 적자赤字란 붉은색 글씨이다. 지출이 수입보다 많아서 마이너스가 되면 장부에 붉은색 글자로 쓴다고 해서 적자라고 한다. 경제개발 시기에는 공채를 발행하거나 해외 차관을 통해 조달한 자금을 가지고 경제성장을 도모한다. 그 적자는 중앙은행에서 빌리거나 국공채를 발행해서 메운다. 후진국이나 개발도상국은 외국에서 돈을 빌려오기도 하는데 이를 해외차관이라고 한다.

흑자재정이란 정부의 재정 수입이 지출보다 많은 경우의 불균형재정을 말한다. 경기가 과열될 때 정부는 흑자예산을 편성하여 시행한다. 즉 조세 수입은 늘리고 세출은 줄이는 긴축정책을 실시하는 것이다. 긴축정책은 세입을 늘려 국민들의 가처분소득을 줄이고, 정부지출은 축소시켜 과열된 경기를 억제하자는 정책이다. 흑자재정은 총수요를 형성하는 요소인 소비와 재정지출을 감소시켜 경제가 과열되는 것을 막을 수 있다.

균형재정: 세입과 세출이 일치하는 재정.

적자재정: 정부의 재정 수입이 지출에 미달하는 불균형재정.

흑자재정: 정부의 재정 수입이 지출을 초과하는 불균형재정.

기둥을 치면 들보가 울린다

통화정책과 기준금리

"기둥을 치면 들보가 울린다"는 속담이 있다. 들보는 건물의 기둥과 기둥 사이를 가로지르는 목재를 말한다. 일을 추진하면서 목표에 직접 접근하지 않고 간접적으로 접근하는 것을 뜻하는 속담이다.

기준금리

한 나라의 경제는 다양한 변수가 상호 작용하면서 굴러간다. 그 변수 중 하나가 기준금리다. 기준금리는 통화정책의 방향타 역할을 하는 거시경제의 중요한 변수이다. 기준금리는 금융통화위원회가 결정한다. 기준금리의 정확한 명칭은 '한국은행 기준금리'이다. 한국은행은 환매조건부채권(RP)을 매매할 때 이 기준금리를 적용하여 거래한다. 겉으로 드러나는 기준금리의 역할은 그 정도, 즉 별것이 아닌 듯싶은데 왜 기준금리를 통화정책의 방향타라고 부를까?

우리나라의 중앙은행인 한국은행의 주된 임무는 물가안정이다. 그런데 물가라는 것이 당국 마음대로 조정되는 것이 아니다. 역사적으로 봐도 물가의 직접적인 통제는 효과를 내지 못했다. 세계 각국은 물가를 직접 통제하지 않고 간접적으로 통제한다. 한국은행도 물가를 직접 통제하는 대신 기준금리를 이용하여 간접적으로 조정한다. 기둥을 치면 들보가 움직이듯이 기준금리를 움직여 물가를 조정하는 것이다. 단순하게 말하면, 인플레이션이 발생하거나 경기 과열일 때는 기준금리를 인상하고, 디플레이션이 발생하거나 경기불황 때는 기준금리를 인하한다.

기준금리를 조정하면

기준금리가 물가를 변동시키는 메커니즘을 통화정책의 파급 경로라고 한다. 즉 '기준금리 조정→물가 조정'의 과정이 통화정책 파급 경로이다. 경제학자들은 통화정책의 파급 경로에 금리 경로, 신용 경로, 자산 가격 경로, 환율 경로, 기대 경로 등이 있다고 본다.

이 중 금리 경로는 다음과 같다. 금융통화위원회가 기준금리를 내렸다고 하자. 금리가 하락하면 기업은 투자를 증가시킨다. 투자 증가는 생산 증가를, 생산 증가는 국민소득 증가와 물가 상승을 가져온다. 즉 '기준금리 인하→국민소득 증가↑, 물가 상승↑'을 가져온다. 이러한 파급효과는 신용 경로 등 다른 경로를 분석해도 결과가 거의 비슷하다. 참고로 자산 가격 경로는 우리나라에서 자주 발생하는 부동산투기와 관련이 있는 파급 경로이다. 극심한 부동산투기를 잡고 아파트 값을 안정시키기 위해 기준금리를 올려야 한다거나 건축경기를 살리기 위해 기준금리를 내려야 한다는 주장이 가끔 나오는데, 이는 자산 가격 경로를 염두에 두고 하는 말이다.

양적완화

'미 연준, 양적완화', '달러화 하락'

신문기사에 자주 등장하는 제목이다. 양적완화란 통화 공급에 대한 규제를 완화한다는 뜻이며, 중앙은행이 국채 등을 매입하는 방법으로 시중에 통화를 공급하는 것을 말한다. 양적완화는 기준금리 조정이 효과를 보지 못하는 저금리 상황에서 실시된다. 양적완화라는 말이 일상적인 용어가 된 것은 미국이 2008년에 글로벌 금융위기를 극복하기 위해 양적완화 정책을 시행한 이후이다. 미국이 양적완화 조치를 하면 달러가 추가 공급되고 그 가치가 하락한다. '달러화 하락'이라는 제목이 그것이다. 당시 미국의 저금리정책과 양적 완화는 금융위기를 극복하는 데 도움이 되었다. 이후 미국은 서서히 금리를 올리고 풀린 달러를 거두어들이기 시작했다.

기준금리: 통화정책의 기준이 되는 금리.

통화정책 파급 경로: 기준금리가 물가를 변동시키는 통로와 메커니즘.

양적완화: 중앙은행이 국채를 매입하는 방식으로 시중에 통화를 공급하는 것.

단술 먹은 보름 만에 취한다

경제정책의 시차

우리 속담에 "단술 먹은 보름 만에 취한다"라는 말이 있다. 먹다 남은 보리밥을 발효시켜 만든 음식을 단술 또는 감주라고 한다. 냉장고가 없던 시절에는 밥을 해서 대나무로 만든 밥 바구니에 담아 시원한 곳에 두었다가 먹었다. 만약 밥이 상하면 그 상한 밥을 버리지 않고 발효시켜 단술로 만들어 먹었다. 단술은 이름에 술이라는 말이 들어가지만 발효가 완전하지 않아서 술 성분이 거의 없는 음식이다. 그래서 단술은 먹어도 보름 만에 취한다는 것이다. 효과가 매우 느리게 나타나는 것을 두고 하는 말이다.

경제정책의 시차

단술 먹은 지 보름이 지나야 취하듯, 경제정책의 효과는 시차時

差를 두고 나타난다. 정책 시행 후 효과가 나타나기까지 상당한 시간이 걸리는 것이다. 당국이 문제점을 발견하고 대책을 수립하는 데 시간이 걸리고, 처방 절차를 마련하는 데 시간이 걸리며, 시행된 정책이 실제 경제에서 효과를 발휘하는 데 또 시간이 걸린다.

통화정책 시행의 예를 들어보면 다음과 같다. 금융통화위원회는 한 달에 한 번 기준금리를 결정한다. 물가의 급격한 상승 등 경제 문제가 발생한다고 해도 대책회의가 열리는데 한 달의 시차가 생길 수 있다. 금융통화위원회에서 기준금리를 조정하면 몇 단계의 통화정책 파급 경로를 거쳐서 효과가 나타난다. 기준금리를 조정하면 먼저 단기금융시장에 효과가 나타나고, 이어 장기금융시장 금리도 변한다. 장기금리가 변하면 투자에 영향을 미치고, 이어 실물시장에 영향을 미친다. 실물 생산이 변하면 물가도 영향을 받는다. 즉 물가 문제점 발견→대책 수립→기준금리 조정→(파급 경로)→물가 조정의 단계를 거치는 동안 시차가 생긴다.

통화주의 경제학자는 시차가 18개월 정도 된다고 주장한다. 경제정책 시행과 효과 발생에 이처럼 짧지 않은 시차가 발생하면 정부의 개입이 오히려 경제를 혼란에 빠뜨릴 수 있다. 경제에 문제가 발생한 뒤 정부가 대책을 수립하여 집행할 즈음에는 문제가 이미 해소된 상태인데, 그때서야 정책이 시행된다면 오히려 경제를 교란시킬 수 있다. 정부의 개입이 오히려 시장의 문제를 더 키울 수 있는 것이다.

샤워실의 바보

한 바보가 샤워 실에 들어갔다. 처음에 수도꼭지를 틀었더니 찬 물이 쏟아져 나온다. 찬물에 놀란 그는 재빨리 뜨거운 물이 나오도록 수도꼭지를 돌린다. 그러자 갑자기 너무 뜨거운 물이 쏟아져 나온다. 놀란 바보는 반대 방향으로 수도꼭지를 돌린다. 이번엔 너무 차가운 물이 쏟아져 나온다. 바보는 수도꼭지를 왼쪽, 오른쪽으로 반복해서 돌리다가 샤워도 하지 못하고 나온다.

이 이야기는 통화주의자인 프리드먼이 정부의 재량 정책을 비꼬기 위해 만든 우화이다. 우화에서 수돗물은 통화 공급을, 뜨거운 물은 인플레이션을, 차가운 물은 경기침체를 비유한다. 프리드먼은 정부의 이랬다저랬다 하는 바보 같은 통화정책으로 인플레이션과 경기침체가 되풀이된다고 비판했다.

k%준칙

정부의 시장 개입과 재량정책을 반대하는 통화주의자들은 대안으로 통화준칙을 제시했다. k%준칙이라고도 불리는 통화준칙은 정부가 통화 공급을 매년 k% 씩 증가시키는 것을 말한다. 매년 일정한 비율로 통화 공급을 증가시키겠다는 계획을 정부가 밝히고 그 준칙을 지켜나가는 것이다. 임시방편으로 통화정책을 펴면 오히려 상황을 악화시킬 수 있으니 준칙을 정하고 지켜서 일시적인 호황이나 침체가 다시 정상수준으로 돌아오도록 해주자는 것이다. 프리드먼은 더 나아가서 "차라리 일정한 범위에서 통화량을 늘리도록 중앙은행을 로봇에게 맡기면 더 효과적일 것이다"고 말하기도 했다. 재량정책에 대한 불신의 표현이다.

경제정책의 시차: 경제정책의 효과가 나타나기까지 걸리는 시간.

준칙주의, k%준칙: 통화 공급 원칙을 만들어놓고 지켜나가도록 하는 정책.

날일에는 장승, 도급 일에는 귀신

시장제 사회주의

우리 속담에 "날일에는 장승, 도급 일에는 귀신"이라는 말이 있다. 날일은 그날그날 하루치 일당을 받고 일하는 것을, '도급'은 맡은 일을 완성했을 때 일의 양을 쳐서 보수를 받는 것을 말한다. 일당제로 일을 맡은 인부는 성과에 관계없이 일정한 임금을 받기 때문에 아무래도 일을 소홀히 하기 쉽다. 반면에 도급제로 일을 맡으면 정해진 양을 빨리 마칠수록 이익이 되기 때문에 열심히 일을 한다.

일제 강점기에 일본인은 "조선 사람에게 날일을 시키면 장승 될까 겁나고, 도급을 주면 죽을까봐 겁난다"고 말했다고 한다. 나중에는 '도급 주면 죽을까봐'라는 말도 생겨났다. 인부에게 도급 일을 주면 빨리 마치려고 죽기 살기로 일하기 때문에 죽을까 염려된다는 것이다. 공사판에서 비속어로 쓰이는 이 말은 일본인이 조선인 인부를 비하해 사용했던 말이다. 대부분의 사람들은 도급 일에는 열심이다. 일해도 자기 것이 되지 않으면 태만히 하고, 자기 것이 된다면 열심히 일하는 것이 대부분 사람의 심리이다.

혁명의 열기가 식으면

제정러시아에서 볼셰비키혁명으로 수탈만 당하던 곡식이 평등하게 분배되자 농민은 신이 나서 열심히 일했다. 혁명 이후 몇 년 동안 구소련의 연 평균 경제성장률은 16%에 달했으며, 때로는 25%를 넘은 적도 있다. 하지만 세월이 흐르고 혁명 열기가 식자 생산성은 급속히 하락하기 시작했다. 사회주의 사회에서는 열심히 일을 하던지 하지 않던지 자기에게 돌아오는 결과는 같다는 사실을 발견(?)해버린 것이다. 이윤동기 없는 생산은 효율을 떨어뜨리게 마련이다. 공동으로 생산하고 공동으로 분배하는 사회주의 경제체제는 평등분배라는 이념은 좋지만 생산의 효율성이 떨어진다는 치명적인 약점을 가지고 있다.

역사적으로 봐도 공상적 사회주의는 물론이고 과학적 사회주의도 효율성 저하 때문에 항상 실패했다. 칼 포퍼(K. R. Popper)는 "젊어서 마르크스주의자가 되어보지 않은 사람은 바보요, 나이가 들어서도 마르크스주의자로 남아있는 자는 더 바보다"라고 말했다. 포퍼는 이상은 좋으나 현실성이 없는 마르크시즘에대한 포퍼의 촌철살인이다.

역시, 도급 일에는 귀신

중국 안후이 성 샤오강 마을에서 일어난 자본주의 방식의 농사는 사회주의 중국에 큰 충격을 주었다. 당시 인민공사제도를 시행한 중국 농민은 집단경작을 했지만 생산성이 너무 떨어져 살 길이 막막했다. 이에 견디다 못한 농민이 땅을 나눠 도급제로 농사를 지은 것이다. 그 해 샤오강 마을은 대풍년을 기록했다. 나라에 식량을 낼 수 있었고, 빚도 갚을 수 있었다.

샤오강 마을의 농민결사 소식이 지도자인 덩샤오핑의 귀에 들어갔다. 덩샤오핑은 농민들에게서 사회주의 경제의 문제점을 해결할 실마리를 얻었다. 시장경제 원리를 도입해서 경제활동에 이윤동기를 주는 것이었다. 중국이 시장제 사회주의를 도입한 것이다. 법을 어긴 이들을 벌하지 않았음은 물론이다.

시장제 사회주의: 자본은 공유하되 경제활동을 시장에 맡기는 사회주의.

날일: 그날그날 하루치 일당을 받고 하는 일.

도급: 맡은 일을 모두 완성했을 때 시간과 관계없이 보수를 받는 계약.

9

외부성과 정보_

주인 하나가 놉 아홉 몫 한다

의붓아비 떡치는 데는 가도 친아비 장작 패는 데는 가지 마라: **외부효과**, 방아 찧을 때는 고개만 끄덕여줘도 부조가 된다: **이로운 외부효과**, 웅담과 꿀은 부자지간에도 속인다: **비대칭정보**, 마방집이 망하려면 당나귀만 들어온다: **역선택**, 앉아서 주고 서서 받는다: **도덕적 해이**, 주인 하나가 놉 아홉 몫 한다: **주인-대리인 문제**, 수박은 속을 봐야 알고 사람은 지내봐야 안다: **경험재**

의붓아비 떡치는 데는 가도 친아비 장작 패는 데는 가지 마라

외부효과

우리 속담에 "의붓아비 떡치는 데는 가도 친아비 장작 패는 데는 가지 마라"라는 말이 있다. 의붓아비가 자식을 대하는 태도는 아무래도 친아비보다 못하다. 하지만 장작 패는 곳과 떡치는 곳은 사정이 다르다. 장작 패는 사람 옆에 있다가 잘못하면 튀는 조각에 다칠 수 있다. 장작 패는 사람이 친아버지라도 가까이 가지 말아야 한다. 그런데 떡치는 데는 그렇지 않다. 의붓아버지가 떡을 치고 있다고 하자. 친자식이 아니라고 그다지 예뻐하지 않는 의붓아버지이지만 옆에 서 있으면 떡 한 조각이라도 떼어 줄 것 아닌가.

외부효과

이 속담은 친아비와 의붓아비를 절묘하게 대비하여 외부효과外

部效果를 말하고 있다. 어떤 기업의 경제활동이 대가 없이 제3자에게 이득을 주거나 손해를 입히는 것을 외부효과라고 한다. 외부효과에는 이로운 외부효과와 해로운 외부효과가 있다. 외부효과 발생으로 제3자에게 이득을 주거나 손해를 끼치면 기업이 생산활동에 지출하는 사적비용과 사회가 느끼는 사회적비용에 차이가 나게 된다.

어느 지역에 공해를 발생시키는 공장이 가동되고 있다고 하자. 공장에서 공해가 발생하면 주민 건강에 해를 끼친다. 소음이 발생하고 인근에 교통체증이 일어나 주민이 불편을 감수해야 한다. 즉, 기업의 생산활동이 야기하는 사회적비용은 사적비용에다 사회에 입힌 체증 및 공해 비용을 합한 만큼으로 증가한다. 이에 따라 해로운 외부효과가 발생하면 '사회적비용 〉기업의 사적비용' 관계가 된다. 반면에 기업의 생산활동이 제3자에게 이득을 가져다주는 경우라면 사회적비용이 이득만큼 감소해서 사적비용보다 적어지고, 따라서 '사회적비용〈 기업의 사적비용'의 관계가 된다.

참고로 "청개구리 심보다"에서 수요법칙의 예외현상으로 설명한 스노브 효과와 베블런 효과, 밴드왜건 효과도 외부효과라고 부른다.

시장실패

기업은 사적비용을 봐가며 생산량을 결정하고, 사회는 사회적비용을 토대로 생산량이 적정한가 판단한다. 위에서 보는 바와 같이 외부효과가 발생하면 기업에 적정한 생산량과 사회에 적정한 생산량이 다르게 된다. 사회 기준으로 볼 때 기업이 너무 많이 생산하거나 너무 적게 생산한다. 시장기구가 자원의 바람직한 배분을 실현하지 못하는 현상을 시장실패라고 한다.

단, 외부효과는 시장실패를 일으키는 여러 요인 중 하나일 뿐이다. 시장실패를 일으키는 다른 요인으로는 독점 등 불완전경쟁, 불확실성, 공공재 등이 있다. 독점 등 불완전경쟁시장에서 기업은 가격설정자라는 지위를 이용하여 생산량을 조절하는 방식으로 초과이윤을 획득하려 한다. 즉 적정량보다 많거나 적게 생산한다. 이 때문에 자원이 효율적으로 이용되지 못한다. 시장에 불확실성이 존재하면 정상적인 거래가 이뤄지지 못한다. 말하자면 시장실패가 일어난다.

공공재는 시장실패의 원인이자 결과물이다. "거동 길 닦아 놓으니 깍쟁이가 먼저 지나간다"에서 설명한 바와 같이 어떤 재화에 소비 배제가 불가능하고 경합성이 없으면 무임승차가 발생하기 때문에 이윤을 목적으로 행동하는 기업은 생산을 기피한다. 상품으로의 생산이 불가능하다. 이 또한 시장실패다.

사적비용: 기업이 실제로 지출하는 비용.

사회적비용: 기업의 생산활동에 대해 사회가 느끼는 비용.

시장실패: 시장기구가 자원의 바람직한 배분에 실패하는 현상.

방아를 찧을 때는 고개만 끄덕여줘도 부조가 된다

이로운 외부효과

옛날에는 추수한 곡식의 알갱이를 내거나 가루를 만들기 위해서 방아를 찧었다. 방아에는 절구방아도 있고 디딜방아도 있다. 절구방아는 방아공이를 손으로 들어 올렸다가 내려쳐서 찧는다. 디딜방아는 지렛대 식으로 된 방아 반대쪽을 발로 밟았다가 놓으면서 공이를 떨어뜨려 찧는다. 무거운 공이를 올렸다가 내려 찧는 일을 몇 시간 계속해야 하는 방아 찧는 일은 여간 힘든 일이 아니다. 마침 이웃이 와서 옆에서 이야기도 하면서 절굿공이나 디딜방아의 오르내림에 따라 고개라도 끄덕여주면 심리적으로 힘이 되어준다. "방아 찧을 때는 고개만 끄덕여줘도 부조가 된다"라는 우리 속담은 이 모습을 정겹게 나타내고 있다. 경제이론으로 말하면 이웃이 이로운 외부효과를 가져다주는 장면이다.

이로운 외부효과: 외부경제

문경 새재에 조성된 드라마 '왕건' 촬영 세트장은 국민 관광지가 되었다. '겨울연가'의 촬영지 남이섬은 드라마를 본 일본인들이 한국에 와서 반드시 들르는 곳이다. 지방자치단체는 드라마 세트장을 유치하려고 수십억 원의 비용을 부담하기도 한다. 드라마 세트장이 관광자원이 되어서 이로운 외부효과를 가져다주기 때문이다. 반면에 인천광역시는 좋은 기회를 놓친 적이 있다. 1천만 관객을 동원한 영화 '실미도'의 세트를 촬영이 끝나자마자 철거해 버린 것이다. 만약 절차를 밟아 그대로 두었더라면 지역에 적지 않은 관광 수입을 안겨 주었을 호기를 놓쳐버린 것이다.

과수원 옆에서 양봉업자가 벌을 치면 벌이 꿀을 따면서 과실나무의 수분受粉을 도와주기 때문에 열매가 잘 맺힌다. 양봉업자의 생산활동이 이로운 외부효과를 발생시키는 것이다. 기업의 어떤 경제활동이 제3자에게 보상을 받지 않고 이로운 외부효과를 주는 것을 외부경제外部經濟라고 한다. 외부경제가 발생하면 기업의 사적비용보다 사회의 비용이 낮아진다. 양봉업자가 벌을 친 덕분에 과수원이 혜택을 입은 만큼 사회의 비용이 감소되는 것이다.

생산 좀 늘이세요

양봉업자는 자기가 부담하는 비용과 꿀을 쳐서 나오는 수입을 비교하여 생산량을 결정한다. 그런데 과수원 주인의 입장에서 보면 꿀을 따는 기간이 너무 짧다. 사회가 바라는 적정 생산량보다 작다. 시장실패다. 말은 시장실패라지만 나쁜 뜻은 결코 아니다. 좋은 일이니 더 많았으면 하지만 적어서 아쉽다는 얘기다.

시장실패를 어떻게 고칠 것인가? 해답은 간단하다. 생산을 늘리게 하는 것이다. 양봉업자가 며칠이라도 더 머물며 꿀을 생산하도록 비용을 낮추어주면 된다. 그 방법은 여러 가지가 있다. 지역 부녀회원들이 양봉장에 나와 라면을 끓여주고, 시군에서는 무료로 숙박을 시켜주는 등 양봉업자의 비용을 낮춰주는 것이다. 비용이 낮아지면 양봉업자는 더 머물러 꿀을 딸 것이다. 즉 사회적으로 바람직한 양을 생산한다.

생산 좀 줄이세요

"죄는 도깨비가 짓고 벼락은 고목나무가 맞는다"라는 속담이 있다. 죄는 도깨비가 지었는데, 벼락은 애먼 고목나무가 맞았다는 것이다. 기업의 경제활동이 제3자에게 보상 없이 피해를 입히는 것을 해로운 외부효과라고 한다. 공장에서 매연이나 온실가스를 배출하는 것이 해로운 외부효과이다. 이 경우에도 시장실패가 일어나며, 생산을 줄이게 하는 것이 시장실패를 고치는 길이다.

이로운 외부효과: 기업의 생산활동이 제3자에게 보상 없는 이득을 주는 현상.

해로운 외부효과: 기업의 생산활동이 제3자에게 보상 없는 손해를 끼치는 현상.

웅담과 꿀은 부자지간에도 속인다

비대칭정보

웅담은 워낙 귀해서 진품 구하기가 어렵다. 돼지 쓸개를 말린 가짜 웅담이 시장에 나돌아 사회문제가 되기도 한다. 꿀 또한 진짜 구하기가 어렵다. 양봉이 대규모로 이뤄지는 요즈음에도 여전히 가짜 꿀이 나돈다. 양봉업자가 꿀을 딸 때는 아들도 보지 못하게 한다는 말도 있다. 오죽하면 "웅담과 꿀은 부자지간에도 속인다"라는 속담이 나왔을까. 가짜 웅담과 꿀이 유통될 수 있는 것은 판매자는 진짜인지 가짜인지 잘 알지만 소비자는 알지 못하기 때문이다.

성한 독 사시오

우리나라에서 인심 좋게 받아주는 거짓말 세 가지가 있는데, 그중 하나가 장사꾼의 '밑지고 판다'라는 말이다. 물론 아무도 그 말을 믿지 않는다. 어느 장사가 밑지고 물건을 팔겠는가! 그런데도 밀고 당기는 흥정 끝에 결정된 깎은 값으로 물건을 내주면서 장사가 '밑지고 팔았다'고 엄살을 하면 어쩐지 정말 싸게 산 느낌이 드는 것이 사람의 마음이다. 흥정하는 맛으로 시장에 간다는 말도 있지 않은가! 장사는 항상 감추어야 할 무엇이 있는 모양이다.

중국 요순시대 순 임금이 세상 물정을 알아보기 위해 깨진 독(항아리)장수로 꾸미고 거리로 나갔다. 처음에는 "깨진 독 사시오!" 하고 사실대로 외쳤다. 아무도 항아리를 사는 사람이 없었다. 다음에는 깨진 항아리를 지고서 거짓으로 "성한 독 사시오!" 하고 외쳤다. 이번에는 사람들이 항아리를 사갔다. 이 고사로부터 '순 임금 독 장사'라는 속담이 나왔다. 장사가 거짓말로 속여 파는 것을 순 임금 독 장사라고 한다.

비대칭정보

장사는 자기가 파는 항아리가 깨졌는지 깨지지 않았는지 잘 알지만 사는 사람은 모른다. 거래 참가자 중 한 사람은 상품에 관한 정보를 알고, 상대방은 모르는 경우를 비대칭정보라고 한다.

기원전 3세기 경 카르타고의 명장 한니발은 아프리카에서 지브롤터 해협을 건너 유럽의 서쪽 끝 스페인 지역에 상륙했다. 그의 군대는 남부 프랑스를 지나 험준한 알프스를 넘은 뒤 이탈리아 반도로 진격했다. 시실리 섬을 통과하는 가까운 남쪽 길을 놔두고 멀리 돌아서 북쪽에 느닷없이 나타난 카르타고 군에 로마는 혼비백산했다. 한니발은 로마에 관한 정보를 손바닥 보듯이 알고 있었다. 반면에 로마는 자기 영토에 들어와 있는 한니발의 군대에 대해 아는 것이 거의 없었다. 한니발이 연전연승한 것은 당연한 일이었다.

로마와 카르타고는 정보 면에서 비대칭정보 상황이었다. 일반적으로 보험회사와 가입자, 은행과 채무자, 시민과 공무원, 주주와 임직원, 지주와 소작인, 중고차 시장의 소비자와 판매자 사이에 비대칭정보가 존재한다.

중고차 시장

중고자동차시장에서는 불량 차가 판치기 쉽다. 시장에 나오는 중고차의 성능에 대한 정보는 대부분 비대칭적이다. 파는 사람은 차의 성능을 잘 알지만 사는 사람은 전문가가 아닌 이상 잘 알지 못한다. 차를 파는 사람은 누구나 자기 차가 우량 차라고 주장한다. 사는 사람은 믿을 수 없으니까 차 값을 깎으려 든다. 좋은 차를 가진 사람은 내놓지 않을 것이고 결국 중고차시장은 불량 차만 나오는 시장이 되고 만다. 비대칭정보 시장에 불량품만 나오는 시장을 레몬 시장(lemon market)이라고 하며, 불량품이 판치는 것을 레몬 현상이라고 한다.

비대칭정보: 거래자 한 쪽은 상품 정보를 알고 다른 한 쪽은 모르는 상황.

레몬시장: 정보가 비대칭이어서 불량품만 나오는 시장.

마방집이 망하려면 당나귀만 들어온다

역선택

벽오동 심은 뜻은 봉황을 보잤더니
어이타 봉황은 꿈이었나 안 오시뇨
달맞이 가잔 뜻은 님을 모셔 가잠인데
어이타 우리 님은 가고 아니 오시느뇨

70년대에 김도향이 부른 노래 가사의 일부다. 전설의 길조 봉황은 벽오동 나무에 둥지를 튼다. 이 노래의 가사는 봉황을 보려고 벽오동 나무를 심어 놓고 기다리지만, 봉황이 오지 않는다고 말한다.

벽오동 심은 뜻은

이익이 되는 사람은 오지 않고 반갑지 않은 사람만 찾아오는 것을 옛 어른들은 "마방집이 망하려면 당나귀만 들어온다"라고 했다. 마방馬房집이란 말을 재우고 먹이고 하는 것을 업으로 하는 집이다. 굳이 말한다면 '말 여관'이다. 마방집에서 말은 환영받지만 당나귀는 환영받지 못한다. 말은 풀이든 쇠죽이든 아무 먹이나 잘 먹지만 당나귀는 식성이 까다로워서 당근 등 비싼 먹이만 먹기 때문이다.

사람들이 사업을 하고 기업을 경영하는 것은 이윤이나 보람, 명예 등을 얻기 위해서이다. 사업을 잘 하려면 자기 목표 달성에 도움이 될 사람을 만나야 한다. 사람을 만나다보면 나를 이롭게 하는 사람을 만나기도 하고 때로는 해롭게 하는 사람을 만나기도 한다. 그런데 만나는 사람이 나에게 이로운 '말馬'에 해당하는 사람인지, 아니면 해로운 '당나귀'에 해당하는 사람인지 알아내기란 여간 어려운 일이 아니다. 정보가 부족한 것이다. 더구나 상대방은 자기에게 유리한 정보는 크게 나타내 보이고, 불리한 정보는 감춘다. 결국 정보 없는 사람이 손해 보는 거래, 즉 역선택이 발생한다.

역선택

정보가 부족하여 바람직하지 않은 상대방과 거래하게 되는 현상을 역선택逆選擇이라고 한다. 중고차시장에 불량 차만 나오는 현상, 화재 발생 위험이 높은 사람이 보험에 가입하는 일 등이 역선택이다. 오라는 봉황은 오지 않고 식성 까다로운 당나귀만 찾아오는 것이다. 중고차시장 등의 레몬시장에서는 역선택이 빈번하게 발생한다. 돈 갚을 능력이 없는 사람이 은행에 와서 사업이 잘되는 것처럼 꾸며 대출을 요구하는 것도 은행 입장에서 볼 때 역선택 상황이다.

시장에 역선택이 계속해서 일어나면 정보 없는 사람은 물론이고 정보를 가진 사람도 손해를 보게 된다. 중고차시장에서 소비자를 속여 불량 차를 비싸게 팔아먹는 사람은 일시적으로 이익을 볼 수 있다. 하지만 중고차시장에 불량 차만 나오는 현상이 계속되면 나중에는 소비자도 알아채고 시장을 외면한다. 소비자가 떠나면 정보를 가진 공급자도 시장을 잃는다. 역선택은 이처럼 경제사회에 해악을 가져다주기 때문에 정부는 이를 방지하기 위한 대책을 강구한다.

그 사람 KS마크야!

역선택 대책으로 품질인증제도가 있다. 정부나 공신력 있는 기관이 품질을 검사하여 인증해주는 제도이다. 품질인증제도는 공적 기관에서 상품의 품질을 인증함으로서 비대칭정보를 보완하고 신뢰를 회복시켜 시장이 제대로 작동하게 하자는 제도적 장치이다. KS마크가 바로 품질 인증 장치이다. KS마크는 일반 소비자의 눈으로는 품질의 식별이 쉽지 않은 품목의 규격을 정하고 정부가 그 품질을 보증하는 방식으로 소비자에게 신뢰를 제공한다.

역선택: 정보가 부족하여 바람직하지 않은 상대방과 거래하게 되는 현상.

앉아서 주고 서서 받는다

도덕적 해이

돈을 일단 꾸어주고 나면 돌려받기가 여간 어렵다. 꾸어주고 나면 그 다음에는 받아야 할 사람이 저자세가 된다. 화장실에 들어갈 때 마음과 나올 때 마음이 다른 것이 세상사이다. "앉아서 주고 서서 받는다"라는 속담이 생겨난 것을 보면 옛날에도 그랬던 모양이다. 돈을 꾸어줄 때는 앉아서 주지만, 받을 때는 서서 받는다는 것이다.

도덕적 해이

화재보험에 대해 생각해보자. 만약 보험이 화재로 인한 손실을 완전히 보장해주는 보험이라면 아무래도 가입자의 조심성이 떨어지기 쉽다. 보험과 관련하여 다음과 같은 유명한 말이 있다.

"I'm insured. Why should I care?"

보험 가입자는 무의식적으로 '보험에 가입했는데, 왜 내가 조심해야 해?' 하고 생각하는 심리가 있다는 것이다. 사람들은 일단 보험에 가입하고 나면 사고 발생 방지에 최선을 다 하지 않는 성향을 보인다. 계약을 한 이후에 윤리적, 법적으로 선량한 주의 의무를 다하지 않는 태도를 도덕적 해이(moral hazard)라고 한다. 정보가 비대칭적인 경우 정보를 지닌 쪽이 정보를 지니지 못한 쪽에게 손해되는 행동을 하는 현상이다.

도덕적 해이는 영어 그대로 모럴 해저드라는 말로도 자주 사용된다. '순결보험 이야기'[9]는 이를 잘 나타내는 글이다.

순결보험은 1960년대 중반에 이탈리아의 보험회사들이 내놓은 상품이다. 당시에 이탈리아에서는 해외유학 붐이 일고 있었는데 유학 보낸 딸의 처녀성에 문제가 생길 경우 부모에게 보상해 주는 것이 순결보험이다. 부모의 잠재적 수요를 읽어낸 보험회사의 발 빠른 대응이 돋보였다. 결과는 어찌 됐을까. 몇 년 안 되어 보험회사들이 엄청난 손실을 입고 순결보험 상품을 없애버렸다.

순결보험에 가입한 여자는 믿는 구석이 있어 방종해지고 정조 관념이 약해진다. 이것이 이른바 도덕적 해이이다. 도덕적 해이로 보험회사는 손실을 보게 마련이다. 손실을 메우기 위해 보험회사가 보험료를 올리면 또 다른 문제가 생긴다. 상대적으로 정숙한 딸을 둔 부모는 보험을 들지 않고 방종한 딸을 둔 부모만 보험에 가입한다. 이것이 보험금을 탈 가능성이 큰 사람만 가입하는 역선택이다. 이 역선택 때문에 보험료를 계속 올려도 보험회사의 손실이 메워지지 않는다. 보험회사는 결국 순결보험을 없앨 수밖에 없었다.

도덕적 해이는 보험뿐만 아니라 여러 분야에서 나타난다. 입사 전에는 성실히 근무하겠다고 약속한 직원이 입사 후에는 근무에 태만한 경우, 은행에서 돈을 빌려갈 때는 사업 잘 해서 갚겠다고 다짐한 대출자가 돈을 유흥비로 날려버리고 갚지 않는 경우, 독점기업에 나타나는 X-비효율성, 공기업의 방만한 경영, 어떤 일을 위임받은 대리인이 성실 근무를 하지 않은 행위 등이 모두 도덕적 해이이다.

보험 범죄

도덕적 해이는 보험 범죄로 발전하기도 한다. 화재보험에 가입한 후 고의로 화재를 발생시켜서 보험금을 타거나, 인명을 손상시켜 생명보험금을 타내는 일 등이다. 교통사고를 빙자해서 적정한 치료 기간이 넘도록 입원해 있는 속칭 '나이롱환자'도 보험 범죄자에 속한다. 보험 범죄가 빈발하면 보험회사의 경영에 재정적인 압박을 주고, 결국은 선량한 가입자의 부담을 키운다.

도덕적 해이: 보험가입 후 사고 예방에 최선을 다 하지 않는 성향.

주인 하나가 놉 아홉 몫 한다

주인-대리인 문제

농촌에서 품삯을 받고 일하는 사람을 놉이라고 한다. 농가에서는 일손이 모자라는 농번기에 서로 품앗이를 하거나 놉을 부린다. 놉으로 온 사람은 자기 일이 아니기 때문에 일에 정성을 들이지 않게 마련이다. 그래서 "주인 하나가 놉 아홉 몫 한다"는 속담이 나왔다. 삯을 받고 일하는 사람이 성실하게 일하지 않는 세태를 말하고 있다.

주인과 대리인

항공사가 반기는 고객은 회사 일로 출장 가는 사람이라고 한다. 출장 가는 사람은 경비를 회사에서 부담하기 때문에 굳이 할인 티켓을 구하려 하지 않는다. 오히려 마일리지 등 서비스가 좋거나 혜택이 많은 티켓을 구하려 한다. 반면에 회사는 출장 가는 직원이 할인 티켓 구하기를 바란다. 주인과 놉, 회사와 직원 간에는 이처럼 이해관계가 다르다. 이러한 관계를 '주인 - 대리인 관계'라고 한다. '주인'은 일을 위임하는 사람이며, 대리인은 위임을 받는 사람이다. 국민과 공무원, 주주와 경영자의 관계도 주인-대리인 관계이다.

주인과 대리인 사이에는 근무 성실도에 대해 일반적으로 비대칭 정보가 존재한다. 편의점 주인이 가게 일을 아르바이트 점원에게 맡기고 있다고 하자. 주인은 점원이 열심히 일해서 이익이 많이 나오기를 바란다. 이에 비해 점원은 가능하면 편하게 근무하고 싶어 한다. 그렇다고 주인이 점원의 근무 태도를 하루 종일 체크하거나 감시할 수는 없다. 점원은 자기 자신의 근무 태도를 알지만, 즉 자기 근무에 대한 정보를 가지고 있지만 주인은 그 근무 태도를 알지 못해서 근무에 대한 정보를 가지지 못한다. 편의점 주인과 점원 사이에 비대칭적 정보가 존재한다. 이러한 비대칭 정보 상황에서는 점원 근무에 도덕적 해이 현상이 발생하기 쉽다. 점원이 근무를 소홀히 할 가능성이 있고, 그래서 주인과 대리인 사이에 문제가 발생할 수 있는 것이다.

주인-대리인 문제

정보를 가진 대리인이 정보를 가지지 못한 주인에게 바람직하지 못한 행동을 하는 현상을 '주인 - 대리인 문제'라고 한다. 공무원의 부정부패와 시간 때우기 근무, 선거에 당선된 정치인이 공약을 지키지 않는 일, 공기업의 방만한 경영 등이 주인-대리인 문제의 일종이다. 주인 - 대리인 문제는 주인과 대리인 간에 이해관계가 다르고, 주인의 단순한 관찰로는 대리인이 위임받은 일을 얼마나 성실히 수행하는지 알 수 없다는 것을 양쪽 모두가 알고 있으며, 불성실하게 근무해도 동일한 보수를 받을 수 있을 때 발생한다.

주인-대리인 문제 대책으로는 성과급제도, 스톡옵션제도 등이 있다. 성과급 제도는 대리인이 노력한 만큼 보수를 받을 수 있기 때문에 성실 근무를 유도할 수 있다. 단, 이러한 보상제도는 근무 성과에 대한 정확한 평가와 공정한 보상이 이루어져야 효과가 있다. 주주에게서 경영을 위임받은 CEO가 내실 있는 경영보다는 매상고극대화를 통한 외형 부풀리기에 나서면 외형으로는 경영을 잘 한 것처럼 보이겠지만 속은 곪아갈 수 있다. 스톡옵션은 기업이 임직원에게 일정 기간 후에 자사의 주식을 미리 약정한 가격에 살 수 있는 권리를 부여하는 제도이다. 일반적으로 싼 값에 주식을 구입할 수 있는 권리를 준다. 스톡옵션을 받은 임직원이 열심히 일해서 해당 기업의 주가가 오르면 높은 가격에 팔 수 있고, 그 차이만큼 이익을 얻는다. 따라서 스톡옵션을 받은 임직원은 기업의 가치 향상을 위해 더욱 노력하게 된다.

주인 - 대리인 문제: 대리인이 주인에게 바람직하지 못한 행동을 하는 현상.

스톡옵션제도: 경영자에게 자기 회사의 주식을 일정한 가격으로 매수할 수 있는 권리를 부여하는 제도.

수박은 속을 봐야 알고
사람은 지내봐야 안다

경험재

우리는 일상생활에 필요한 재화를 대개 상표나 겉모양을 보고 구입해 사용한다. 볼펜이나 라면 등 대부분의 재화는 상표나 겉모양이 효용을 말해주고, 코카콜라나 맥도날드 등 잘 알려진 특정 재화는 브랜드를 통해 효용을 신뢰하게 한다.

하지만 모든 재화가 다 그렇지는 않다. 직접 소비해 봐야 효용을 알게 되는 재화도 있다. "수박은 속을 봐야 알고 사람은 지내봐야 안다"라는 속담이 있다. 수박은 쪼개서 속을 봐야 익었는지 안 익었는지 알 수 있다. 사람도 함께 지내봐야 그 사람이 어떤 사람인지 알 수 있다. 결혼식 때 주례 선생님이 강조하는 말이 있다.

"지금까지 연애하는 동안에는 보이지 않던 단점이 결혼 후에는 보이기 시작합니다."

경험재

소비해 봐야 품질을 알 수 있는 재화를 경험재라고 한다. 수박과 사람 외에도 화장품, 낯선 음식, 중고자동차 등이 경험재에 속한다. 경험재에는 정보의 비대칭성이 존재한다. 공급자는 그 재화의 품질을 알지만 소비자는 사용해 보기 전에는 모른다.

경험재를 판매하는 기업은 광고는 물론이고 그 외 다양한 방법으로 자사 재화의 품질을 알리려고 노력한다. 광고는 품질에 대한 확신이 없어서 구입을 망설이는 소비자에게 소비하지 않고도 품질을 알도록 정보를 주는 역할을 한다. 백화점 지하 식품 매장에 있는 시식 코너는 소비자에게 미리 소비 경험을 시켜서 식품의 품질을 알려주는 곳이다. 새로 개발한 컴퓨터 소프트웨어의 데모버전 무료 체험 행사도 미리 소비 경험을 시켜 제품의 품질을 알게 하는 방법이다. 기업의 인턴제도도 일종의 데모버전 이용에 속한다. 고용주는 인턴이라는 일정한 기간의 고용 과정을 거쳐서 입사 지원자의 노동 품질을 알아본다.

스펙은 품질 신호다

젊은이들이 스펙 쌓기에 열중이다. 스펙은 specification을 줄인 말로, 어떤 장치나 프로그램을 만들 때 필요한 성능이나 특성에 대한 규정 및 제조 방법을 의미한다. 스펙은 구직자의 학력, 학점, 어학연수 경험, 자격증 따위를 의미하는 말로 사용되고 있다.

채용시장에 왜 스펙 열풍이 부는가? 기업의 입장에서 생각해 보자. 구인 광고를 보고 찾아온 구직자는 누구나 자기가 회사에 적격자라고 주장한다. 하지만 속담도 말하듯이, 사람은 지내봐야 안다. 고용해 보지 않고서는 이 사람이 정말로 회사에 필요한 인재인지 알 수 없다. 이 때 구직자는 학력, 학점, 자격증, 토익 점수 등 스펙을 제시한다. 스펙이 기업의 채점관에게 말한다.

"제 스펙을 보십시오. 저는 이러이러한 소양을 갖추고 있습니다."

구직자의 스펙은 채용시장에서 자기의 품질을 알리는 신호(signal) 역할을 한다. 그런데 스펙이 과연 구직자의 품질을 정확히 알려주는 신호가 될 수 있을까? 예를 들어 TOEIC 점수가 자동차회사에 적합한 인재인가를 잘 나타내줄까? 그렇지 않다는 것은 인사 담당자도 잘 안다. 그럼에도 불구하고 토익 등 표준화 된 제3의 자료는 인력시장에서 중요한 역할을 한다. 그보다 적절한 품질 판단 자료가 없거나, 있다고 해도 선별 비용이 너무 많이 들어서이다.

정부나 기업이 유능한 인재를 뽑아 쓰려면 인적자원의 내면까지도 포함하는 전인적인 품질을 알아내는 척도를 개발해야 한다. 지금의 사람 뽑는 방식이 그대로 지속된다면 사교육 만연, 대학의 취업학원화 현상은 해소되기 어렵다.

경험재: 소비 경험을 통하지 않고는 품질을 판단하기 어려운 재화.

10

국제 경제_

이 팽이가 돌면 저 팽이도 돈다

산중 놈은 도끼질 들판 놈은 괭이질: **분업과 무역**, 고기도 먹어본 사람이 잘 먹는다: **수입대체형 경제개발**, 고양이 쥐 생각 하랴: **원조**, 내 딸 고우면 좋은 사위 얻는다: **환율**, 이 팽이가 돌면 저 팽이도 돈다: **요소가격균등화**, 개구리가 올챙이 적 생각을 못 한다: **사다리 걷어차기**

산중 놈은 도끼질
들판 놈은 괭이질

분업과 무역

우리 속담에 "산중 놈은 도끼질 들판 놈은 괭이질"이라는 말이 있다. 산중에 사는 사람은 주로 나무 베는 일을 하기 때문에 도끼질을 잘 한다. 반면에 농사를 지으며 들판에 사는 농부는 괭이질을 잘 한다. 장날이면 두 사람은 자기가 생산한 곡식과 나무를 교환하여 각자 필요한 것을 얻어서 살아간다. 사회적 분업이 자연스럽게 이루어진 것이다.

분업의 이익

분업은 가족 간에, 기업 안에서 이뤄지고 크게는 사회 안에서 또는 국가 간에도 이루어진다. 스미스(A. Smith)는 핀 공장의 예를 들어 분업의 효과를 설명했다. 직공이 서로 독립적으로 핀을 만든다면 아무리 숙련된 제조공이라도 한 사람이 하루 20개 만들기가 힘들다. 그러나 공정을 여러 단계로 나누어서 만들면 한 사람 당 4,800개의 핀을 만들 수 있다. 《국부론》에 나오는 이야기다. 분업을 통해 생산성이 좋아지는 것을 분업의 이익이라고 한다. 분업을 이용해 생산성을 향상시킨 대표적인 사례는 포드 시스템이다. 포드는 자동차공장에 이동식 조립법을 도입하여 노동자가 컨베이어 옆에 서서 자신에게 주어진 일을 하도록 했다. 포드 시스템의 도입으로 포드 회사의 자동차 생산량은 폭발적으로 증가하였다.

사회적 분업은 한 산업 전체가 하나의 개인이나 집단에 의하여 전담되는 것을 말한다. 즉 금융산업, 자동차산업, 철강산업, 농업 등으로 나누어 각 집단이 생산에 종사하는 것을 말한다. 남성은 들에 나가 농사를 지으며 아낙네는 집에서 가사 일을 하는 것도 사회적 분업이다.

국제적 분업

분업은 국가 간에도 이뤄진다. 국제적으로 산업이 분업화 되어서 어느 나라는 밀을 주로 생산하고, 다른 어떤 나라는 휴대폰을 주로 생산하는 방식이다. 각국은 자원 등 여건에 따라 생산이 유리한 상품은 특화하여 생산한다. 노동력이 풍부한 나라에서는 노동집약적 산업을, 자본이 풍부한 나라에서는 자본집약적 산업을 특화하여 생산하는 것이다. 프랑스는 세계 최고의 와인 생산국이다. 튤립 생산에는 네덜란드를 덮을 나라가 없다. 그렇다고 프랑스 사람이 와인만 마시며 살고, 네덜란드 사람은 튤립만 쳐다보고 사는 것은 아니다. 프랑스 사람도 값싸게 튤립을 즐기고, 네덜란드 사람 또한 와인을 즐긴다. 무역 덕분이다.

무역의 이익

무역이 등장함에 따라 두 나라는 각각 비교우위에 있는 상품을 특화 생산한 뒤 서로 교환해서 소비할 수 있다. 프랑스는 부존자원과 생산기술을 이용하여 와인을 특화 생산한다. 네덜란드는 튤립을 특화 생산한다. 양국이 각각 특화 생산한 와인과 튤립의 합계는 자급자족하기 위해 두 종류를 각각 생산했던 양을 합계한 것보다 더 클 것이다. 이렇게 생산된 두 상품을 무역을 통해 자유롭게 교환하면 프랑스는 자국에서 직접 생산한 것보다 더 낮은 가격으로 튤립을, 네덜란드는 자국에서 생산한 것보다 더 낮은 가격으로 와인을 즐기게 된다. 무역을 통해 비교우위의 상품은 생산해서 수출하고, 비교열위의 상품은 수입해서 소비함으로 더 큰 후생을 누리는 것을 무역의 이익이라고 한다.

국제적 분업: 국가 간 분업.

무역의 이익: 무역을 통해 양국이 더 큰 후생을 누리게 되는 현상.

고기도 먹어본 사람이
잘 먹는다

수입대체형 경제개발

동동구루무 한통만 사면
온 동네가 곱던 어머니
지금은 잊혀진 추억의 이름
어머님의 동동구루무

김용임이 부른 "동동구루무" 가사이다. 옛날에는 구루무 장수가 이 동네 저 동네 돌아다니며 구루무를 팔았다. 구루무란 크림(cream)의 일본식 발음으로 화장품을 말한다. 당시 화장품은 대부분이 수입품이었다.

수입대체형 경제개발

1960년대에 들어 정부는 화장품의 수입을 강력히 규제하기 시작했다. 그런데 화장품은 이미 필수품으로 생활 속에 깊숙이 들어와 있었다. 어떻게든 화장품은 있어야 했다. 밀수 화장품은 엄청나게 값이 비쌌을 뿐만 아니라 수요에 비해 턱없이 공급이 부족했다. 국산 화장품이 나와야 했다. 정부의 수입 금지 조치는 국내 화장품 산업 발달의 필요충분조건이 되었다. 국산 화장품이 생산되어 수입품을 대체하기 시작한 것이다.

화장품 수입 금지와 '국산품 애호' 캠페인 뒤에는 경제개발 이론이 숨어있다. 수입대체형 경제개발 전략이 그것이다. 후발국은 자본축적이 되어 있지 않은데다 금융산업의 발달이 더디어서 민간주도의 자연발생적인 경제발전을 기대하기 어렵다. 경제발전을 이끌어갈 기업도 거의 없거나 있다고 해도 대규모 자금 조달 능력이 없다. 이 때문에 후발국의 경제발전은 대부분 정부주도로 이뤄진다.

고기는 먹어본 사람이

수입대체형 경제개발은 후발국의 대표적인 경제개발 모형이다. 수입대체형 개발은 화장품의 경우와 같이 선진국 등 외국으로부터 수입하던 상품을 직접 생산함으로써 수입대체 산업을 육성하는 개발 전략을 말한다. 처음에 수입을 허용해서 국내 시장에 소비 수요가 형성되면 해당 상품의 수입을 금지하고 대신 자국에서 생산한 제품을 사용하도록 유도하는 방식이다. 이 전략에는 정부의 수입금지라는 보호무역의 울타리가 반드시 필요하다.

"고기도 먹어본 사람이 잘 먹는다"라는 속담이 있다. 어떤 수입된 상품의 소비에 길들여지면 사람들은 계속 그 상품을 찾는다. '한번도 안 먹어본 사람은 있으나, 한번만 먹어본 사람은 없다'라는 재미있는 잼(jam) 광고 문구도 있다. 수입대체형 상품이 그렇다.

수출주도형 경제개발

수입대체형 경제개발 전략이 장기화 되면 과보호를 받는 국내 기업의 경쟁력이 약화될 수 있다. 기업이 경영 효율화를 통해 경쟁력을 기르는 일보다 보호제도의 우산 속에 안주하여 자생력을 잃을 가능성이 있는 것이다. 게다가 국제경제 환경은 수입 개방을 요구한다. 무역은 상대가 있는 것이라, 계속해서 '수출은 OK, 수입은 안 돼' 할 수 없다. 수입대체형 개발 전략을 택하는 나라도 내수 산업이 어느 단계에 오르면 수출주도형 개발 전략으로 전환하는 것이 보통이다. 우리나라도 경제발전 초기에는 수입대체형 전략을 택하다가 발전기에는 수출주도형으로 전환하였다.

수입대체 전략: 수입하던 상품을 직접 생산하여 수입을 대체하는 산업을 육성하는 전략.

고양이 쥐 생각 하랴

원조

겉으로는 도움을 주는 체 하면서, 사실은 손해를 주는 행동을 하는 사람이 있다. 그럴 때 쓰는 속담이 "고양이 쥐 생각 하랴"이다. 개인 간에도 생색을 내면서 자기 잇속을 취하는 일이 있지만, 국가 간에는 그러한 일이 빈번히 일어난다. 원조가 바로 고양이가 쥐 생각하는 일이요 원숭이 꽃신이다.

꽃신과 트로이의 목마

원숭이는 땅과 나무를 자유자재로 돌아다니며 음식을 얻는다. 어느 날 잣을 배불리 먹고 쉬는 원숭이에게 오소리 영감이 정의 표시라며 꽃신을 선물한다. 원숭이는 좋아라고 꽃신을 신고 다닌다. 신발이 해어질 때쯤 오소리가 또 찾아와 꽃신을 전한다. 원숭이는 이

제 신발 없이는 지낼 수 없을 정도로 꽃신에 길들여진다. 오소리는 이때다 하고 다음부터는 꽃신을 사서 신으라고 한다. 원숭이는 잣을 주고 신발을 구입한다. 나중에는 종노릇까지 하게 된다. 정휘창의 동화 "원숭이 꽃신" 이야기다.

독일의 경제학자 리스트(F. List)는 "모든 국가 간의 원조는 트로이의 목마"라고 말했다. 신화에 의하면 트로이 전쟁은 사과 한 알 때문에 일어났다. 헤라, 아테나, 비너스 세 여신이 식사를 하고 있는 식탁에 사과 한 알이 굴러들어온다. 사과에는 '가장 아름다운 여인에게'라는 글이 있다. 세 여신 사이에 사과 쟁탈전이 일어난다. 파리스라는 목동이 미인 선발권자로 지명된다. 비너스는 파리스에게 그리스에서 가장 아름다운 여인을 주겠다는 로비로 미의 여왕에 뽑힌다. 비너스가 파리스에게 그리스에서 가장 아름다운 여인을 주는 과정에서 트로이전쟁이 일어난다. 지루한 전쟁 끝에 그리스군은 커다란 목마 하나를 두고 철군한다. 트로이 사람들은 승리에 들떠 목마를 성 안으로 끌어들인 뒤 술을 마시며 놀다가 새벽녘에야 잠이 들었다. 어찌 알았으랴. 그 목마에는 그리스의 복병이 숨어 있었음을……. 목마 속에 숨어 있던 그리스 복병은 밖으로 나와 불을 지르고 성문을 활짝 열어젖혔다. 철군을 가장하고 대기하던 그리스 병사들은 돌아와 트로이를 완전히 파괴해 버렸다.

모든 원조는

선진국의 후진국 원조는 사실상 시장 쟁탈전의 다른 얼굴에 불과하다. 열강의 식민 지배는 대부분이 처음에 원조로 시작되었다. 그 원조 속에는 반드시 복병이 숨어 있었다.

특히 '무기 원조'는 악마의 원조이다. 말은 원조라지만 사실은 제값 받아먹고 판매하면서 원조라고 한다. 설령 무상으로 제공한다 하더라도 부품은 물론 탄약이나 포탄을 제공하면서 제값 다 받아간다. 원조란 자국의 이익을 위해 등치고 간 내 먹는 일이다. 이를 간파한 리스트가 모든 원조는 트로이의 목마라고 일갈한 것이다. 트로이의 목마가 품은 독성을 알아차린 신관 라오콘(Laocoon)은 목마를 성내에 들이지말고 불태워야 한다고 주장했다. 하지만 트로이는 라오콘의 말을 듣지 않았다. 바다의 신 포세이돈이 뱀을 보내 라오콘과 두 아들을 물어 죽였다. 그가 죽는 장면은 "라오콘"이라는 이름의 대리석상으로 바티칸 박물관에 남아 있다.

라오콘의 죄는 바른 말 했다는 것이다. 권력자는 아첨에는 귀를 활짝 열지만 잘못을 지적하는 말에는 귀를 닫는다. 어디서나 어느 때나 라오콘은 외롭다.

트로이의 목마: 복병을 숨겨놓고 도와주는 척하는 일.

내 딸 고우면
좋은 사위 얻는다

환율

외환위기가 닥치기 전인 1996년 말, 우리나라 원화의 대미달러화 환율은 845원이었다. 그러던 환율이 외환위기가 한창이던 때는 1,964원까지 치솟았다. 환율이 오른다는 것은 자국 화폐 가치의 하락을 뜻한다. 외환위기 때는 우리 경제의 상태가 좋지 않았기 때문에 원화 가치가 대폭 하락했고 환율은 치솟았었다.

환율

한 나라 통화와 다른 나라 통화의 교환 비율이 환율이다. 환율은 두 가지 방식으로 나타낸다. 외국 화폐를 기준으로 해서 환율을 표시한 것을 자국통화표시 환율이라고 한다. 미국 달러와 우리나라 원화와의 환율을 U$1=1,280원 식으로 표시하는 방식이 자국통화표시 환율이다. 반면에 우리나라 화폐 1단위로 외국 화폐를 얼마나 구입할 수 있는가를 표시하는 방법을 외국통화표시 환율이라고 한다. 우리나라에서 환율은 대개 자국통화표시 환율을 의미한다.

환율의 높고 낮음은 무역수지에 영향을 미친다. 환율이 상승하면 수출이 증가하고 수입은 감소하며, 하락하면 수출이 감소하고 수입은 증가한다. 환율이 1,100원에서 1,200원으로 올랐다고 하자. 1달러어치를 수출하면 환율이 오르기 전에는 1,100원을 벌지만 환율이 오른 뒤에는 1,200원이 손에 들어온다. 상승하면 더 많이 벌어들인다는 얘기다. 따라서 환율이 상승하면 수출이 증가한다.

환율의 결정

환율이 어떻게 결정되는가를 설명하는 이론에는 수요공급설, 구매력평가설, 이자율평가설 등이 있다. 수요공급설은 외환도 하나의 상품인 이상 수요와 공급의 작용에 의해서 그 가격이 결정된다고 보는 이론이다. 구매력평가설은 환율이 양국 통화 구매력의 상대적 비율로 결정된다는 설명이다. 환율은 한 나라의 통화가치를 다른 나라의 통화가치와 비교한 것이다. 통화가치란 자국에서 구매력의 크기로 나타난다. 환율이 양국 통화가치의 비율이라는 것은 결국 양국 통화 구매력의 비율이라는 말이다. 한편 이자율이 자국에서 화폐의 가치를 반영한다는 점을 고려하여 환율이 각국 통화의 이자 획득 능력에 의해 결정된다는 주장을 이자율평가설이라고 한다.

"내 딸 고우면 좋은 사위 얻는다"라는 속담이 있다. 내 딸인 우리나라 돈의 구매력이 크면 달러를 많이 얻고, 작으면 달러를 적게 얻는다. 외환위기 당시는 경제가 나빠서 1,900원 이상의 원화를 줘야 1달러를 살 수 있었다.

플라자합의

세계 각국은 수출 증대를 위해 환율을 높게 유지하려 한다. 수출 증대를 위한 평가절하 경쟁을 환율전쟁이라고 한다. 1985년에 이루어진 플라자합의가 바로 환율전쟁의 일종이다. 플라자합의는 뉴욕의 플라자호텔에서 미국, 일본 등 선진 5개국이 합의한 환율협약을 말한다. 5개국은 엔화의 가치를 절상시키는 안을 채택했다. 이 협정 이후 일본은 엔고로 수출에 타격을 입는 것이 두려워서 금리 인하 등 경기부양책을 폈고, 부양책이 거품현상을 초래하면서 장기불황에 접어들었다. '잃어버린 20년'이 그것이다.

환율: 한 나라 통화와 다른 나라 통화의 교환 비율.

구매력평가이론: 환율이 각국 통화 구매력의 상대적 비율로 결정된다는 이론.

환율전쟁: 환율을 유리하게 조정해서 이득을 얻으려는 움직임.

이 팽이가 돌면
저 팽이도 돈다

요소가격균등화

독자 여러분은 아마 중학생 시절 과학시간에 소리굽쇠 실험을 해 본 적이 있을 것이다. 고유진동수가 같은 두 개의 소리굽쇠를 나란히 놓고 하나의 소리굽쇠를 울리면 옆에 있는 다른 소리굽쇠도 같이 울린다. 우리 속담에 "이 팽이가 돌면 저 팽이도 돈다"라는 말이 있다. 이곳의 시세가 변하면 저 곳의 시세도 변한다는 뜻으로 하는 말이다. 이 팽이가 돌면 저 팽이도 돌고, 이 소리굽쇠가 울면 다른 소리굽쇠도 울듯이 무역이 계속되면 국가 간에도 임금이나 이자율이 서로 영향을 주고받는다.

헥셔-올린 정리

헥셔(E. Heckscher)와 올린(B. Ohlin)은 각국 생산에 있어서 비교우위의 원인이 생산요소 부존량의 차이에 있으며, 무역에 의해 생산요소의 상대가격이 균등화하는 경향이 있다고 설명했다. 무역을 통해 생산요소의 가격이 국가 간에 서로 영향을 받는 현상을 헥셔 - 올린 정리라고 한다. 헥셔 - 올린 정리에는 두 가지 명제가 있다. 첫째, 국가마다 생산요소의 부존 상태가 다르고, 상품 생산에 필요한 생산요소의 양과 비율이 다르다. 따라서 풍부한 생산요소를 사용하여 생산한 상품에 비교우위가 있게 되고, 이로 인해 발생한 생산비의 차이 때문에 무역이 이루어진다. 노동이 풍부한 나라에서는 노동집약적으로 생산된 상품을 수출하고 자본이 풍부한 나라에서는 자본집약적으로 생산된 상품을 수출한다. 둘째, 무역이 계속되면 생산요소의 국가 간 이동이 없더라도 생산요소의 가격이 균등화된다. 이러한 현상을 요소가격균등화 정리라고 한다.

요소가격균등화 정리

요소가격균등화 정리는 일물일가 원리가 국제적으로도 성립한다는 의미이다. 동일한 상품이 지역에 따라 다른 가격으로 판매된다고 하자. 사람들은 가격이 낮은 지역에서 사다가 가격이 높은 곳에서 파는 차익거래를 할 것이다. 이에 따라 가격이 낮은 지역의 가격이 상승하고, 높은 지역에서는 가격이 하락한다. 결국 양 지역의 가격이 같아져 일물일가의 법칙이 성립된다. 이와 똑같은 현상이 생산요소 가격에서도 발생한다. 무역이 계속되면서 특화 상품의 생산이 증가하면 그 상품에 투입되는 생산요소의 가격이 상승한다. 양국에서 각각 값이 싼 생산요소의 가격이 상승하고 비싼 생산요소의 가격은 하락한다. 결국 생산요소 가격이 국가 간에 균등하게 된다.

요소가격균등화 정리는 현실과 거리가 있다. 산업화 이후 무역이 수 백 년 동안 진행되어 왔지만 아직도 국가 간 생산요소 가격에 큰 차이가 존재한다. 즉 아직도 균등화가 이루어지지 않고 있다.

요소가격균등화 정리는 노동자가 산업 및 직종 사이를 자유롭게 오갈 수 있다는 것을 전제로 한다. 그러나 원자력 기술자가 가전제품 공장에 가서 일하고, 자동차 생산 직원이 은행 창구에 앉아 금융상품을 소개하는 식의 자유로운 생산요소 이동은 거의 불가능하다.

요소가격균등화 정리 속에는 후진국 노동자에게 자유무역을 하자는 선진국의 속삭임이 들어있다. 그들은 노동자의 귀에 대고 이렇게 말한다. "무역을 자유화하면 국제간에 임금이 평준화되면서 당신 봉급도 올라갈 겁니다."

헥셔-올린 정리: 비교우위의 원인이 생산요소 부존량의 차이에 있으며, 무역에 의해 생산요소의 가격이 균등화하는 경향.

요소가격 균등화 정리: 무역이 계속되면 생산요소의 가격이 균등화되는 현상.

개구리가 올챙이 적 생각을 못한다

사다리 걷어차기

사람들은 자기가 어느 정도 장성하거나 어려움을 해결하고 나서는 과거 가난하거나 어려웠던 시절을 잊어버리고 다른 사람에게 가혹하게 대한다. 이러한 사람의 행동을 빗대어 "개구리가 올챙이 적 생각을 못 한다"라고 한다. 오늘날 자유무역을 주장하는 선진국은 대부분 올챙이 적 생각을 못하는 것이 아니라 '안' 한다.

'국가 간의 모든 원조는 트로이의 목마다'라고 주장한 리스트(Friedrich List)가 살던 시절, 독일은 영국과 프랑스보다 산업 발전이 늦은 후진국이었다. 리스트는 정치가이자 경제학자였으며, 경제이론을 조국을 부강케 하는데 응용하고자 했다. 그는 독일 내의 도로세와 물품 통과세를 폐지하고, 국경을 통과해 들어오는 물품에 대해서는 관세를 무겁게 물리자고 주장하였다. 미국에 망명해 있는 동안에는 영국에서 미국으로 수입되는 물품에 보호관세를 매겨 공업을 육성해야 한다고 주장했다. 그러나 이미 산업혁명을 이룩하여 공업국이 된 영국이나 프랑스 등 유럽 선진국은 자유무역을 주장하면서 무역 상대방인 후진국에 보호관세를 폐지하라고 압력을 가했다.

사다리 걷어차기

리스트는 선진국이 비열한 '사다리 걷어차기'를 한다고 주장했다. 사다리를 타고 지붕에 오른 사람이 그 사다리를 걷어차서 다른 사람이 뒤를 이어 지붕에 못오르게 하는 것처럼, 선진국이 다른 나라의 경제발전을 방해하는 것을 사다리 걷어차기라고 표현한 것이다.

선진국은 자국이 경제발전을 도모하던 시기에는 보호 관세와 정부 보조금을 통해 산업을 발전시킨 뒤, 나중에 후진국에게는 자유무역을 채택하고 보조금을 철폐하라고 주장한다. 보호 관세와 각종 규제 등 자기가 딛고 올라온 사다리는 걷어차 버리고 다른 국가에게는 자유무역을 하라고 강요한 것이다.[10] 산업이 발달하지 못한 낙후된 나라는 보호무역 없이 선진국과 경쟁할 수 없다. 자유무역은 선진국에게만 이득을 안긴다.

영국의 경우

역사적으로 사다리 걷어차기가 심했던 나라는 영국이다. 사실 영국은 산업화 초기에 강력한 보호무역 정책을 시행했다. 그러다가 자국 산업이 발달하고 나니까 후진국에 자유무역을 주장하고 나선 것이다.

산업혁명 이후 영국은 공산품에 대해서는 자유무역을 주장하면서 농산물에 대해서는 보호정책을 취했다. 당시 영국은 지주의 이익을 보호하기 위해 곡물법을 통해 유럽의 곡물이 영국으로 반입되는 것을 막았다. 지주가 장악하고 있던 의회가 곡물 값이 떨어지지 않도록 곡물 수입을 금지시키는 법을 제정한 것이다. 경쟁력 있는 제품에 대해서는 외국에 수입자유화 압력을 넣고, 농업 등 불리한 산업의 제품은 수입을 금지하는 이중적 정책이었다.

이러한 이기적 사다리 걷어차기는 오늘날도 계속되고 있다. 우루과이 라운드(UR), 세계무역기구 WTO, 북미 자유 무역 협정 NAFTA, 쌍방 간 협정 FTA 등의 무역협정에서 선진국이 공통적으로 요구하는 사항은 자유무역에 방해되는 모든 규제를 풀라는 것이다. 자기들은 미리 규제를 통해서 대량생산과 첨단산업 체제를 구축해 두고, 후발국에는 모든 규제의 빗장을 풀라는 것이다. 이들은 자유무역을 통해 경제발전을 이루었다고 주장하지만 거짓말이다. 사실은 강력한 보호정책 덕에 앞서갈 수 있었다.

사다리 걷어차기: 보호무역으로 경제발전을 이룬 선진국이 후진국에게 자유무역을 강요하는 행위.

참고

고사성어로 읽을 수 있는 속담과 경제 용어

보리밥에는 고추장이 제격이다 : 보완재 ⇒ 수어지교 水魚之交

좋은 약은 입에 쓰다 : 가치재 ⇒ 양약고구 良藥苦口

같은 값이면 검정 소 잡아먹는다 : 소비자균형 ⇒ 동가홍상 同價紅裳

이웃이 장에 가니 망옷 지고 따라 간다 : 밴드왜건 효과 ⇒ 서시빈목 西施嚬目

곡식은 주인 발자국 소리를 듣고 자란다 : 노동 ⇒ 우공이산 愚公移山

팔백 금으로 집 사고 천금으로 이웃 산다 : 효율성 임금 ⇒ 천금매골 千金買骨

혹 떼려다 혹 붙인다 : 파레토최적 ⇒ 화사첨족 畵蛇添足

산토끼 잡으려다 집토끼 놓친다 : 기회비용 ⇒ 염일방일 拈一放一

엎질러진 물이다 : 매몰비용 ⇒ 복수불반 覆水不返

두 손뼉이 맞아야 소리가 난다 : 보완적 생산관계 ⇒ 보거상의 輔車相依

백석 꾼은 천석꾼 못 되어도 천석꾼은 만석꾼 된다 : 규모의 경제
⇒ 장수선무 長袖善舞 다전선고 多錢善賈

일찍 일어난 새가 벌레를 잡는다 : 자연독점 ⇒ 첩족선득 捷足先得

고린 장이 더디 없어진다 : 그레셤 법칙 ⇒ 옥석혼효 玉石混淆

오늘 쉰 냥이 내일 백 냥보다 낫다 : 미래 소비 현재 소비 ⇒ 조삼모사 朝三暮四

짚신 장사 나막신 장사 : 포트폴리오 ⇒ 교토삼굴 狡兎三窟

산에 가야 범을 잡지 : 고위험 고수익 ⇒ 불입호혈부득호자 不入虎穴不得虎子

화투는 백석지기 노름이요 미두는 만석꾼 노름이라 : 선물 先物
⇒ 입도선매 立稻先賣

꼬리가 몸통을 흔든다 : 꼬리 – 개 효과 ⇒ 본말전도 本末顚倒

광에서 인심 난다 : 낙수효과 ⇒ 행무행열 杏茂杏悅

엎친 데 덮친 격이다 : 스태그플레이션 ⇒ 설상가상 雪上加霜

난쟁이 교자꾼 : 잠재실업 ⇒ 반식재상 伴食宰相

입술이 없으면 이가 시리다 : 금산분리 ⇒ 순망치한 脣亡齒寒

스승을 따르자니 사랑이 울고 사랑을 따르자니 스승이 운다 : 경제정책의 상충성
⇒ 도견상부 道見桑婦

빈대 잡으려다 초가삼간 불태운다 : 정부실패 ⇒ 교각살우 矯角殺牛

지붕 새는 집이라도 가옥세는 내야 한다 : 조세피난처 ⇒ 가정맹호 苛政猛虎

소나무가 무성하면 잣나무가 기뻐한다 : 산업연관효과 ⇒ 송무백열 松茂栢悅

죄는 도깨비가 짓고 벼락은 고목나무가 맞는다 : 해로운 외부효과
⇒ 옥석구분 玉石俱焚

윗물이 맑아야 아랫물도 맑다 : 코오즈 정리 ⇒ 상탁하부정 上濁下不淨

피 다 뽑은 논 없고 도둑 다 잡은 나라 없다 : 최적 공해 ⇒ 수청무어 水清無魚

빛 좋은 개살구 : 레몬시장 ⇒ 현옥매석 衒玉賣石

개똥참외는 먼저 본 놈이 임자다 : 공유지의 비극 ⇒ 갈택이어 竭澤而漁

바다는 메워도 사람 욕심은 못 메운다 : 무한한 욕망 유한한 자원
⇒ 득롱망촉 得隴望蜀

티끌 모아 태산 : 자본주의 경제 ⇒ 적토성산 積土成山

꿩 잡는 게 매다 : 혼합경제 ⇒ 흑묘백묘 黑苗白描

후주

1) 국부론의 원 제목은《국부의 본질과 원인에 관한 연구》이다.

2)《현대경제학원론(박영사, 김대식 外)》에서 처음 사용하였다.

3) 흔히 버펄로(buffalo)라고 말하지만 버펄로가 아니라 바이슨(bison)이라고 하는 들소이다. 동남아시아에 사는 물소가 버펄로이다.

4) 한비(韓非),《한비자(韓非子)》"備內篇".

5)《한국인의 속담》(베스트북스 편집부, 1999), p. 374.

6) 시오노 나나미의 말이다.

7) 공정거래위원회 게시판 자료(2012. 3. 22)에서 발췌.

8) 2017년 10월 31일 고승주 기자의 글

9) 2003. 7. 22. 한국경제신문, 안국신 교수 기고문 발췌.

10) 장하준,《사다리 걷어차기》, 형성백 역, 부키, 2004.